कलम अभी जिंदा है

(दोहा संग्रह)

अशोक पटसारिया 'नादान'

PRACHI
DIGITAL PUBLICATION

Title : Kalam Abhi Zinda Hai

Author : Ashok Patsariya 'Nadan'

Edition : First (September, 2024)

ISBN : 9788197599842

Published by

PRACHI
DIGITAL PUBLICATION

Regd. Add.: 254, Khuriyakhatta No. 10, Bindukhatta,
Lalkuan, Nainital - 262402, Uttarakhand, India
Website : www.prachidigital.com
E-mail : info@prachidigital.in
Phone : +91 976041 7980, +91 976041 8103

Printed by :
Manipal Technologies Limited, Bengaluru - 560001, Karnataka

समर्पणम

पूज्य पिताजी स्व. श्री कौशल किशोर पटसारिया (शिक्षक)
एवम् पूजनीय माता जी स्वर्ग. सूरज देवी पटसारिया (गृहिणी)
के चरण कमलों में यह प्रथम पुष्प "कलम अभी जिंदा है"
सादर समर्पित करते हुए हर्षित हूँ।

शिक्षक अध्यापक गुरू, इनमें था ईमान।
अनुशासन की चोट से, देते थे वो ज्ञान।।

शिक्षक में थी सादगी, सच्चा था किरदार।
माटी ढेलों से सदा, गढ़ते थे आकार।।

जीवट कर्मठ ही रहे, शिक्षा पर था जोर।
अध्यन अध्यापन किया, उठ जाते थे भोर।।

उनका जीवन ध्येय था, बच्चों का कल्याण।
जीवन भर करते रहे, वह चरित्र निर्माण।।

आज रगों में दौड़ता, माँ का ही पय पान।
कर्जदार हम आपके, तू मेरी भगवान।।

पाला पोसा कर दिया, हम सबको तैयार।
दुख पीड़ा सब सह गई, माँ तेरा आभार।।

सादा जीवन जी लिया, दिखा दिया संसार।
कभी भूल सकता नहीं, माँ तेरा उपकार।।

मात पिता से ही मिला, यश वैभव सम्मान।
चरणों में सौ–सौ नमन, करता है नादान।।

सच्चे साथी आपके, मात–पिता ही जान।
जिनने सुंदर तन दिया, दी हमको पहचान।।

मात–पिता का प्यार है, जीवन में अनमोल।
अब बच्चों का फर्ज है, मीठे बोलें बोल।।

✍ शुभकामना संदेश

मेरे परम आत्मीय श्री पटसारिया जी

शुभकामनायें।

दोहा संग्रह "कलम अभी जिंदा है" प्रकाशित होने जा रहा है। विविध विषयों को समेटे हुए यह दोहा संग्रह साहित्य जगत की अमूल्य धरोहर बने। यही शुभकामना है। इस दोहा संग्रह का शीर्षक "कलम अभी जिंदा है" बहुत जीवंत सशक्त और ओज पूर्ण है। जो आत्म विश्वास से भरा है। पटसारिया जी को सुनने का कई बार सौभाग्य प्राप्त हुआ है। यह स्वयं साहित्य जगत के सशक्त हस्ताक्षर हैं। विविध विषयों के कारण इसका कैनवास बहुआयामी हो गया है। जो सराहनीय है। साहित्य सुचेता पाठक इसकी सराहना करेंगे। यही ईश्वर से प्रार्थना है।

अनंत शुभ कामनाओं के साथ

डा. एन. एम. अवस्थी
सेवा निवृत प्राचार्य
शास. स्नातकोत्तर महाविद्यालय टीकमगढ़ (मप्र)
निवास 47, होप रेसीडेंसी टीकमगढ़ (मप्र)

एक दृष्टि

हिंदी साहित्य के उद्भट विद्वान, कवि, छंदशास्त्री श्री अशोक पटसरिया "नादान" जी दोहा सृजन के मर्मज्ञ हैं। आपकी जितनी दोहा के विधान पर पकड़ है, उतने ही हिंदी के ज्ञाता है। हिंदी काव्य में दोहा का सृजन लंबे समय से होता चला आ रहा है। भक्ति काल में तो अधिकांश कवियों ने दोहों का सृजन किया है। कबीर, रहीम और रसखान के दोहे तो जन-जन की जुबान पर आज भी हैं। वर्तमान में दोहा सृजन करने वाले कवियों में पटसारिया जी का नाम भी बड़े सम्मान के साथ सदैव लिया जाता रहेगा। "कलम अभी जिंदा है" दोहा संग्रह का श्री गणेश भी पारंपरिक रूप से किया गया है। संग्रह का प्रथम दोहा दृष्टव्य है

पूजा प्रथम गणेश की, सीखों छंद विधान।
मां शारद की हो कृपा, साधक बने महान।।
इसी तरह सरस्वती मां से विनय की गई है
माँ में कुछ जानू नहीं, सदा भरोसा एक।
मिलता तेरे ध्यान से, विद्या विनय विवेक।।

इस दोहा संग्रह में हर दोहे को एक सक्ष्म भाव के साथ प्रस्तुत किया गया है। यथा-
यह तन सेवा में लगे, बने किसी का काम।
करिए सार्थक जिंदगी, जपिये प्रभु का नाम।।

पटसारिया जी एक सहृदय, विनम्र और अनुभवी व्यक्ति हैं स्वभावतः यही सारे गुण उनके दोहों में जहां-तहां दिखाई देते हैं। शिक्षित बेरोजगारों की पैरवी करते हुए आप कहते हैं-

रिक्त पड़े जो पद यहां, उनको भरिए आप।
रोजगार सबको मिले, मिटे सकल संताप।।
भोर का चित्रण करते हुए आप कहते हैं
जब अरुणिम सूरज हुआ, लगे सुहानी भोर।
रूपवान लगने लगा, धरती का हर छोर।।

'कलम अभी जिंदा है' दोहा संग्रह के दोहे सहज, सरल, रोचक एवं पठनीय हैं। बड़े सहज भाव से कहा गया यह दोहा...

सारे अवगुण त्याग कर, बन जाओ इंसान।
निर्मल मन को देखकर, खुश होते भगवान।।

तो वहीं अपने देश की संपन्नता का बखान करता हुआ ये दोहा –

भारत वैभव विश्व में, होता रहा बखान।
सोने की चिड़िया रहा, मेरा देश महान।।

इसी तरह देश की रक्षा के लिए सीमा पर खड़े जवानों के सम्मान में ये दोहा...

सरहद की रक्षा करें, अपने वीर जवान।
भारत माता के लिए, हो जाते कुरबान।।

मैंने इस दोहा संग्रह के अधिकांश दोहे चैतन्यता से पढ़े हैं। मेरा ह्रदय कभी द्रवित हुआ तो कभी उद्वेलित हुआ है। इन दोहों में करुणा, दया, क्षमा एवं शोर्य की आश्चर्यजनक क्षमता है। पटसारिया जी की राष्ट्रीयता एवं जागरुकता सराहनीय है। देखें ये दोहा..

मजबूरी किसी बात की, आरक्षण पर आज।
डूब रहा है हिंद का, प्रतिभावान समाज।।

पटसारिया जी बुंदेलखंड के होनहार, श्रुति संपन्न, विचारवान, श्रेष्ठ कवि हैं। दोहा संग्रह 'कलम अभी जिंदा है' के माध्यम से इतने अच्छे दोहे कहने वाले नादान जी हमेशा स्वस्थ और सानंद रहें तथा इसी निष्ठा से काव्य साधना में लीन रहें। 'कलम अभी जिंदा है' दोहा संग्रह के प्रति मेरी हार्दिक मंगल कामनाएं और पटसारिया जी को ढेर सारा शुभाशीष।

डॉ देवदत्त द्विवेदी सरस
अध्यक्ष
म.प्र. लेखक संघ जिला छतरपुर

मंगल शुभकामनायें

भारतीय छंद साहित्य में सर्वाधिक लोकप्रिय छंदों की श्रेणी में दोहा का स्थान अक्षुण्ण है। प्राय: सभी कवियों, साहित्यकारों ने इस प्रसिद्ध छंद पर अपनी लेखनी चलाकर धन्यता का अनुभव किया है। आदि कवियों से लेकर अद्यतन कलमकारों ने अपनी लेखनी के माध्यम से दोहा छंद को और सशक्त किया है, तथा अपनी लोकहितकारी बातों को कह पाने में सर्वथा समर्थ हुए हैं।

दोहा एक 24 मात्रा का अर्ध सममात्रिक छंद है जो की 13, 11 के संयोजन पर चार चरणों में लिखा जाता है। इसकी लोकप्रियता ही है कि यह ग्रामीण अंचलों से लेकर कवि मंचों, राज दरबारों में भी गाए जाते हैं।

आज कोई भी गोष्ठी या काव्य मंच ऐसा नहीं है जहाँ दोहा को स्थान न मिला हो। साखियों के रूप में आज भी लोगों की जुबान पर अनायास ही दोहे फूट पड़ते हैं। जैसे –

बड़ा हुआ तो क्या हुआ, जैसे पेड़ खजूर।
पंथी को छाया नहीं, फल लागे अति दूर।।

रहिमन पानी राखिए, बिन पानी सब सून।
पानी गए न ऊबरै, मोती मानुष चून॥

इसी क्रम को आज अशोक पटसारिया 'नादान' जी ने छंद संवाहक बनकर आगे बढ़ाने की उत्तम सोच रखते हैं। लेखक अशोक पटसारिया जी का दोहा संग्रह 'कलम अभी जिंदा है' साहित्यिक जगत को प्रथम भाव पुष्प समर्पित किया जा रहा है। इस संग्रह में सामाजिक विषयों, पुरातन संदर्भों एवं आधुनिक काल में मानवीय संवेदनाओं को सशक्त माध्यम से रखने की कोशिश की गई है।

अशोक पटसारिया 'नादान' जी बिलासा छंद महालय (छत्तीसगढ़) के नियमित सदस्य एवं छंद पटल गुरु हैं जो की बौद्धिक रूप से अति समृद्ध, सशक्त हैं। इनकी भाषा परिमार्जित है। हिंदी के नवीन मानक शब्दों का प्रयोग देखते ही बनता है।

अशोक जी के इस दोहा संग्रह में जीवन से जुड़े हुए विभिन्न दृश्यों, पात्रों का दोहा छंद के माध्यम से विभिन्न शीर्षकों के माध्यम से कुछ विशेष कहने की सुंदर कोशिश की गई है, जो

जीवनोपयोगी हैं। धार्मिक आस्था के धनी, सतगुरु चरण सेवक, बिलासा छंद महालय के श्रेष्ठ पटल छंद गुरु के रूप में इनकी प्रतिभा सराहनीय है।

आपको इस दोहा संग्रह के लेखन एवं प्रकाशन की अनेकानेक हार्दिक शुभकामनायें एवं सादर बधाइयाँ।

शुभेच्छु

डॉ रामनाथ साहू 'ननकी' (छंदाचार्य)
संस्थापक,
बिलास छंद महालय छ.ग.

शुभकामना संदेश

मानवीय संवेदनाओं के भीतरी एक सख्त बीज के प्रस्फुटन से कोमल भावनाओं का उदय होता है। और इन्हीं भावनाओं को हम किसी विधा में पिरोकर उसे लिपिबद्ध करते हैं तो वह कविता, गीत, छंद का रूप लेकर हमारे सामने प्रस्तुत होता है।

आदरणीय अशोक पटसारिया जी के "कलम अभी जिंदा है" "दोहा संकलन" अपने भाव सरिता के सुरमयी ध्वनि को समेटे गागर में सागर को भरने वाली है। दोहा छंद विधान पर सृजित भावों के सुंदरता में तथ्य,कथ्य, विषय वस्तु में स्पष्टता भाव पक्ष, शिल्प पक्ष में उत्कृष्टता का पालन करते दोहा छंद विधान पर अपनी लेखनी चलाई है। इनकी दोहे कि छटा देखते ही बनती है –

शब्दों से करिए सदा, भावों का श्रृंगार।
शब्दकोष से देखिये, सुंदर भाव विचार।।

भारत देश के वैभव को चित्र अंकित करते उनके दोहे – –

उन्नत मेरा देश था, था वैदिक विज्ञान।
ऋषियों ने ही कर दिए, लाखों अनुसंधान।।

अशोक पटसारिया जी के दोहे छंद विधान पर रचित दोहा संकलन "कलम अभी जिंदा है" अपने अनेको भाव सौंदर्य को सृजित करते जीवन के वास्तविकता,आध्यात्मिकता, सामाजिकता राष्ट्रीयता, एवं समस्त मनोभावों को उजागर करता है उनके "कलम अभी जिंदा है" दोहा संकलन के प्रकाशन पर अनंत बधाइयां एवं शुभकामनाएं....

डॉ. माधुरी डड़सेना "मुदिता"
अध्यक्ष– बिलासा छंद महालय
शिक्षक सह साहित्यकार
न. प. भखारा (छ. ग)

✍ शुभकामना संदेश

आ. अशोक पटसारिया "नादान",

मेरे अनुसार नाम में "नादान" उपनाम लिखकर अपनी विद्वत्ता पर पर्दा ढँकने का एक प्रयास है, जो अभिमान की धूल से ज्ञानपुँज की रक्षा करने का सार्थक प्रयास है। आपके लेखन भावपक्ष भी यही कहते हैं...

माँ मैं कुछ जानूँ नही, सदा भरोसा एक।
मिलता तेरे ध्यान से, विद्या विनय विवेक।।

छंद और छंदमुक्त लेखन कौशलता आपके अंदर विद्यमान है, किंतु छंद विधा का परिचय देते हुए आपने दोहा अर्ध सममात्रिक आधार छंद का प्रयोग कर 'कलम अभी जिंदा है' के नाम से कृति का सृजन किया है, जो प्रेरणात्मक है।

शब्द-शब्द से खेलकर, रचते नव प्रारूप।
कलम अभी जिंदा यहाँ, दोहा सृजन अनूप।।

भिन्न-भिन्न पहलुओं पर प्रकाश डालती रचनाओं का संग्रह है, कलम अभी जिंदा है। निश्चित ही मूर्छित पड़ी लेखनी को भी गति प्रदान करेगी। शब्दों के भाव और उनके उच्चारण से उठने वाले नाद अचेत पड़ी भावनाओं में हृदय स्पंदन भर देंगे, तब हर रचनाकार और पाठक कह उठेंगे कि कलम अभी जिंदा है।

आपका शुभेच्छु
डा. ओम प्रकाश साहू "मृदुल"
सचिव बिलासा छंद महालय छत्तीसगढ़
प्रेमनगर, सूरजपुर छत्तीसगढ़

शुभकामना संदेश

आपकी कृति 'कलम अभी जिन्दा है' (दोहा संग्रह) के प्रकाशन पर हार्दिक बधाई एवं शुभकामनाएं! आपके इस अद्वितीय प्रयास से दोहा प्रेमियों व नव रचनाकारों को यथोचित मार्गदर्शन प्राप्त होगा। सामाजिक दृष्टिकोण को ध्यान में रखते हुए जीवन के विभिन्न क्षेत्रों को दर्शाते आपके दोहों को पढ़कर ह्रदय आनंदित हुआ।

दोहा एक ऐसा काव्य रूप है, जिसमें शब्दों की सीमित संख्या में भी अनंत भावनाओं और विचारों को व्यक्त करने की अद्भुत क्षमता होती है। आपके द्वारा रचित यह पुस्तक न केवल साहित्य प्रेमियों के लिए एक अनमोल धरोहर साबित होगी, बल्कि नए लेखकों और कवियों के लिए भी प्रेरणास्रोत बनेगी। आपने जीवन के अनुभव जब पाठक दोहों के माध्यम से आत्मसात करेगा तो वह उसकी जीवंतता की अनुभूति कर सकेगा। आपकी लेखनी की सजीवता और आपकी रचनाओं में व्याप्त गहनता हर पाठक के मन में एक अमिट छाप छोड़ेगी। इस पुस्तक के माध्यम से आपने जीवन के विभिन्न पहलुओं, सामाजिक विषयों और मानवीय संवेदनाओं को जिस प्रकार से अभिव्यक्त किया है, वह निश्चय ही प्रशंसा के योग्य है। आपकी इस साहित्यिक यात्रा की सफलता की कामना करते हुए, हम आशा करते हैं कि आपकी लेखनी इसी प्रकार समृद्ध होती रहे और आने वाले समय में भी हम आपकी अनेक और उत्कृष्ट रचनाओं का आनंद उठा सकें। आपकी पुस्तक का शीर्षक 'कलम अभी जिन्दा है' पूर्णतः सार्थक है। आपके दोहे जीवंत व जीवट मनोभाव से सराबोर हैं।

आप सदैव अपनी लेखनी से समाज के व राष्ट्र के लिए प्रेरणास्रोत बनें, उत्कृष्टता को प्राप्त करें, यही मेरी शुभ मंगलकामना है।

दोहा में अति श्रेष्ठतम्, ह्रदय लोकहित भाव।
श्री अशोक की लेखनी, करे सफल बदलाव।।

डॉ. मधु शंखधर 'स्वतंत्र'
(पटल प्रेरक बिलासा छंद महालय छ.ग.)
प्रयागराज उ.प्र.
मोब. 9305405607

गजेन्द्र हरिहारनो "दीप"
✆ - (07745) [redacted] 296410
मो.- 8962239082/9425544847/8962668826

आराधनाभवन
हरिॐ नगर
वार्ड क्र.- 08 डोंगरगाँव
जिला - राजनांदगाँव (छ.ग.)
पिन - 491- 661

।। शुभकामना संदेश ।।

दो पंक्तियों [चार चरणों] से बनी कविता की एक इकाई "दोहा छंद" जिसमें होती है अद्भुत मारक क्षमता, विलक्षण विचार प्रवाह व प्रभावोत्पादक तत्व। गागर में सागर भरने का अद्वितीय व अनुपम गुण समाहित होता है दोहा छंद में। इसीलिए यह सर्वाधिक लोकप्रिय छंदों में से एक है।

मुझे यह जानकर अतिशय प्रसन्नता हो रही है कि स्वनामधन्य साहित्यकार व छंद साधक आदरणीय अशोक पटसारिया "नादान" जी के द्वारा विभिन्न विषयों पर केन्द्रित दोहों का संग्रह "कलम अभी जिंदा है" का प्रकाशन किया जा रहा है।

मुझे सहज ही विश्वास हो रहा है कि यह दोहा संग्रह निश्चित रूप से लोकचेतना का उपकरण बनेगा।

"कलम अभी जिंदा है" दोहा संग्रह के प्रकाशन हेतु आदरणीय अशोक पटसारिया "नादान" जी को कोटिश: बधाई एवं शुभकामनायें।....

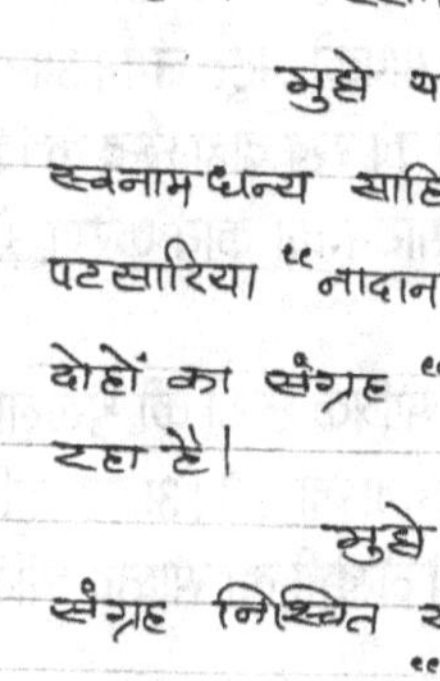

(हस्ताक्षर)
गजेन्द्र हरिहारनो "दीप"

सादर शुभकामनाएं

पुरोवाक् :- "कलम अभी जिंदा है"

छंद काव्य का श्रृंगार होता है। यही कारण है कि हमारे विख्यात साहित्यकारों व शास्त्रकारों ने छंदों में दोहा छंदों को लिया, जो सर्वाधिक प्रचलित व लोकप्रिय है सभी लयात्मक रचनाएँ किसी न किसी छन्द पर आधारित होती हैं जिसे आधार-छन्द कहते हैं। जब रचना लय से भटकती है तो उस भटकाव को उसके आधार-छन्द की सहायता से भली भाँति समझा जाता है। इस प्रकार दूसरे शब्दों में छन्द लय की कसौटी है। अस्तु लय पर पूर्ण अधिकार रखने के लिए सम्बंधित आधार-छन्द को समझना आवश्यक हो जाता है। छन्द-साधना के क्षेत्र में सुविज्ञ आदरणीय अशोक पटसारिया नादान जी ने सराहनीय प्रयास किया है जिसका सुपरिणाम दोहा-संग्रह "कलम अभी जिंदा है" के रूप प्रकाशित हो रहा है। इस संग्रह में प्रयुक्त दोहों की संख्या लगभग 1500 है जो आपकी अटूट लगन और अविरल श्रमशीलता की द्योतक है। आपने प्रत्येक रचना के ऊपर भावों को रख दोहा छन्द के विधान का पूर्णरूपेण पालन किया है जो जिज्ञासुओं के लिए बौद्धिक रसायन का कार्य करेगा, ऐसा मेरा विश्वास है।

ध्यातव्य है कि छन्द शास्त्र में एक छन्द दोहा जो अर्धसम मात्रिक छन्दों की शृंखला में रखा गया है। बहुत अधिक प्रचलित है। जिसे 13-11 मात्राओं पर लिखा जाता है। आपके सृजित दोहें सटीकता से निबद्ध भावप्रवणता में आदरणीय अशोक जी की लेखनी का सौष्ठव व्यंजित होता दिखाई देता है-

शब्दों से करिए सदा, भावों का श्रृंगार।
शब्दकोष से देखिए, सुंदर भाव विचार।।

अरुणिम आभा से धरा, लगती दिव्य अनूप।
आँखों को भाने लगा, यहाँ प्रकृति का रूप।।

वेद पुराणों को लिखा, लिखे अनेकों ग्रंथ।
रचना वेदव्यास की, मिला सभी को पंथ।।

गंगा सा पावन सलिल, गीता जैसा ज्ञान।
भागीरथ सा तप कहाँ, गुरु दधीचि सा दान।।

गंगा जीवन दायनी, आती सबके काम।
गंगाजल को पानकर, मिटते पाप तमाम।।

जहाँ तक मेरी दृष्टि गयी है, इस कृति में संगृहीत दोहों में आदरणीय अशोक जी ने शिल्प और भाव के बीच सामंजस्य स्थापित करने का सराहनीय प्रयास किया है। इसके साथ आपकी लेखनी में मुझे असीम सम्भावनाओं के दर्शन होते हैं।

आदरणीय अशोक जी प्रणीत दोहा संग्रह "कलम अभी जिंदा है" पठनीय एवं संग्रहणीय है। मुझे विश्वास है कि आपकी लेखनी से उत्तरोत्तर उत्कृष्ट रचनाएँ अवतरित होती रहेंगी और छंदबद्ध कविता को प्राण–ऊर्जा प्रदान करती रहेंगी।

कृति एवं कृतिकार के लिए मेरी अशेष शुभकामनाएँ!

छंद साधिका
योगिता चौरसिया 'प्रेमा'
साहित्यिक एवं सामाजिक सेवक
आखिल भारतीय साहित्य परिषद
उपाध्यक्ष मंडला मध्यप्रदेश
ईमेल : yogitachourasia7497@gmail.com
चलभाष : 8435157848

अनंत शुभकामनाएं

अपनी कलम के माध्यम से हिंदी साहित्य एवं समाज को एक नयी दिशा प्रदान करने की ओर अग्रसर साहित्यकारों के नाम उँगलियों पर गिने जा सकते हैं। आ.अशोक पटसारिया 'नादान' जी इनमें से एक हैं।

आप बहुत ही सरलहृदयी, हँसमुख, कर्तव्य पारायण,वाक् कौशल से ओत-प्रोत बहुत ही शालीन व्यक्तित्व के धारक हैं।आध्यात्म और संगीत का बेजोड़ तालमेल इनकी रचनाओं में स्पष्ट झलकता है। सभी छंद मर्मज्ञ पाठकों एवं छंद के जिज्ञासु साधकों के लिए बहुत ही हर्ष का विषय है कि अतिशीघ्र आ.अशोक पटसारिया 'नादान' जी, हम सभी के मध्य अपनी पुस्तक 'कलम अभी जिंदा है' (दोहा संग्रह), 'छंदामृत' (छंद संग्रह), 'दिल-ए-नादाँ' (ग़ज़ल संग्रह) लेकर साहित्य प्रेमियों की जिज्ञासा तुष्ट करने आ रहे हैं,जो निश्चित रूप से समाज एवं हिंदी साहित्य को एक नयी दिशा प्रदान करेगी और नए साधकों के लिए मील का पत्थर साबित होगी।

इस सराहनीय कार्य हेतु कोटिश: शुभकामनाएँ

अनुराधा सुनील पारे 'अवि'
पटल प्रमुख
बिलासा छंद महालय छत्तीसगढ़

✍ मंगल कामनाएं

यह बात सुनकर ही मन रोमांचित हो उठा कि आदरणीय अशोक पटसारिया नादान भाई जी की तीन पुस्तकें एक साथ ही प्रकाशित हो रही हैं। आप निरंतर 35 वर्षों से साहित्य जगत से जुडे हैं एवं हर विषय पर आपकी कलम अनवरत चलती रही है। आपके पेंतीस वर्षों की तपस्या का फल अब शीघ्र ही फलीभूत हो।

पुस्तक में संग्रहीत हो जाएगा। आपके तीनों संग्रह का एक साथ प्रकाशन इस बात का प्रमाण है कि लेखन की हर विद्या में आपकी पकड़ मजबूत हैं। एक तरफ़ "कलम अभी जिंदा है" दोहा संग्रह, वहीं दूसरी तरफ़ "दिल-ए-नादाँ" ग़जल संग्रह और विविध छंदों का रसपान कराता "छंदामृत" छंद संग्रह आपके बहुआयामी प्रतिभा का द्योतक है।

शीघ्र ही प्रकाशित हो हमारे हाथों में आपके तीनों संग्रह आयें इसके लिये अति उत्साही हूँ, आपको हार्दिक बधाई एवं शुभकामनायें देती हूँ। साहित्य के क्षेत्र में आप सदैव अग्रणी रहें एवं आपका लेखन समाज को नई दिशा प्रदान करे और प्रेरणा स्त्रोत बनकर सदैव के लिए मानस पटल पर अंकित हो जाए।

अनंत शुभेच्छायें

सुमन ओमानिया "तरंगिणी"
B-1,10/11 शर्मा कॉलोनी बुद्ध विहार फेज -2
नई दिल्ली-110086
मोबाइल नंबर -9910352700
sumanarvindanthony@gmail.com

अनुक्रमणिका

क्र.सं.	शीर्षक	पृष्ठ सं0
	आत्म निवेदन	25
1	श्री गणेश	27
2	विघ्न विनाशक	28
3	मंगल मूर्ति	29
4	माँ वीणा पाणि	30
5	माँ शारदे	31
6	हंस वाहिनी	32
7	गुरु शरणागत	33
8	गुरु वंदना	34
9	गुरु महिमा	35
10	माँ	36
11	जगदंबिके	37
12	भारत वर्ष	38
13	हिंदुस्तान	39
14	जय हिंद	40
15	गणतंत्र	41
16	वंदे मातरम	42
17	लोकतंत्र	43
18	कामिनी	44
19	नारी	45
20	वामा	46
21	बेटी	47
22	सुता	48
23	दुहिता	49

24	जय श्री राम	50
25	राम नाम	51
26	नाम महिमा	52
27	श्रृंगार	53
28	सत्संग	54
29	अक्षय तृतिया	55
30	गंगा	56
31	मन	57
32	कर्म भूमि	58
33	धर्म	59
34	परशुराम	60
35	अध्यात्मिक चिंतन	61
36	आरक्षण	62
37	बसंत	63
38	मधुमास	64
39	ऋतुपति	65
40	ऋतुराज	66
41	चैत्र शुक्ल की प्रतिपदा	67
42	जय हनुमान	68
43	कौशल्या के राम	69
44	निर्मल मन	70
45	व्रत	71
46	खिचड़ी	72
47	कलयुग के संत	73
48	जीवन सार	74
49	जीवन धन	75
50	जीवन राम	76
51	संघर्ष	77
52	व्यवहार	78
53	लेखन	79
54	शब्द	80

55	प्रेम	81
56	योग	82
57	प्रकृति	83
58	पालनहार	84
59	मतलबी प्रेम	85
60	गाँव	86
61	पुरखे	87
62	पितर	88
63	गाँव खेरा	89
64	मातृ शक्ति	90
65	शब्द ब्रह्म	91
66	प्रकृति संरक्षण	92
67	आरक्षण का दंश	93
68	आरक्षण काला कानून	94
69	आरक्षण नासूर	95
70	विजया दशमी	96
71	ठंड	97
72	विपत्ती	98
73	दुर्जन	99
74	मोबाइल	100
75	गुरुकृपा	101
76	नकली गुरु	102
77	अमृत	103
78	सत्ता	104
79	वसुधा	105
80	उद्यान	106
81	हार	107
82	सरकार	108
83	चुम्बन	109
84	रिश्ते	110
85	मानव	111

86	सुकन्या	112
87	परिवार	113
88	रंग	114
89	अलिक	115
90	कवि	116
91	किसान	117
92	मित्र	118
93	पुत्र मोह	119
94	रोजगार	120
95	रोजी रोटी	121
96	ध्यान	122
97	अहंकार	123
98	कलयुग का इंसान	124
99	यगणात्मक (122) दोहे	125
100	मगणात्मक (222) दोहे	126
101	तगणात्मक (221) दोहे	127
102	रगणात्मक (212) दोहे	128
103	जगणात्मक (121) दोहे	129
104	भगणात्मक (211) दोहे	130
105	नगणात्मक (111) दोहे	131
106	सगणात्मक (112) दोहे	132
107	पड़ोसी	133
108	मतदाता	134
109	रानी झाँसी	135
110	विकास	136
111	वीणा पाणि	137
112	फागुन	138
113	संगत	139
114	मन मतंग	140
115	मौसम	141
116	आपसी प्रेम	142

117	साहित्य	143
118	दौलत	144
119	शिक्षक	145
120	मधुमक्खी	146
121	बेटा	147
122	दीवाली	148
123	अमर शहीद	149
124	महत्वपूर्ण दोहे	150
125	काम के दोहे	151
126	जीवंत दोहे	152
127	बारिश	153
128	राधा रानी	154
129	कृष्ण मुरारी	155
130	मीरा दीवानी	156
131	संसार	157
132	संसार सागर	158
133	बरसात	159
134	शीत	160
135	चंदन	161
136	नीतिगत दोहे	162
137	सुख-दुख	163
138	खुशियाँ	164
139	करुणा सागर	165
140	अनहद नाद	166
141	चिंता	167
142	कार्तिक	168
143	समय	169
144	पुरस्कार	170
145	आत्मा	171
146	नमामि मातु नर्मदे	172
147	धारा के विपरीत	173

148	महाराज छत्रसाल	174
149	पकवान	175
150	अंतर घट की पीर	176
151	रामायण	177
152	निंदा चुगली	178
153	विवेकानंद	179
154	सदगुरु	180
155	व्यंगपूर्ण दोहे	181
156	सत्संग कथा	182
157	योगी	183
158	नाम ज्ञान	184
159	सार शब्द	185
160	बढ़ता ताप	186
161	संत कबीर	187
162	ब्रह्मज्ञान	188
163	पर्यावरण	189
164	अंतर्युद्ध	190
165	गुरु की महिमा	191
166	महात्मा गांधी	192
167	भक्ति	193
168	योग भगाए रोग	194
169	इतिहास	195
170	कर्म	196
171	गौमाता	197
172	संयुक्त परिवार	198
173	राम रमा हर स्वाँस में	199
174	आँवला नौमी	200
175	शिक्षक दिवस	201
176	इंद्र धनुष	202
177	भोले शंकर	203
178	श्रद्धा भक्ति	204

179	माँ गङ्गा	205
180	तुलसी	206
181	तुलसी शालिग्राम	207
182	विवाह	208
183	किलकारी	209
184	बचपन	210
185	चाय	211
186	सागर	212
187	डा. अंबेडकर	213
189	संत नामदेव	214
190	सावन	215
191	पावस	216
192	बादल	217
193	नव संवत्सर	218
194	सूर्य नमस्कार	219
195	माँ जननी	220
196	मर्यादा	221
197	सत्य	222
198	जीवन की रेल	223
199	जीवन	224
200	गीता मृत	225

आत्म निवेदन

दोहा साहित्य जगत की एक ऐसी विधा है, जो कम शब्दों में बहुत बड़ी बात रखने का सशक्त माध्यम रहा है। समाज जीवन में दोहों की महती भूमिका रही है। अनेक कवियों ने दोहों के माध्यम से गागर में सागर भरा है। कबीर दास, गोस्वामी तुलसी दास, बिहारी लाल मिश्र, चंद वरदाई वा रहीम खानखाना आदि कवियों ने दोहों के माध्यम से बहुत बड़े संदेश दिए हैं। पृथ्वी राज चौहान द्वारा शब्द भेदी वाण चलाने के पूर्व उनके राज कवि चंद वरदाई ने एक दोहा पढ़ा, जो मुहम्मद गौरी के बैठने की स्थिति को दर्शाता था वही दोहा मुहम्मद गौरी के अंत का कारण बना।

चार बाँस चौबीस गज, अंगुल अष्ट प्रमान।
ता ऊपर सुल्तान है, मत चूको चौहान।।

राजा जय सिंह को नई रानी के प्रेम पाश से मुक्त कराने वा बिखरे राज पाट को सँभालने पर बिहारी जी के एक दोहा ने मजबूर कर दिया।

नहिं पराग नहिं मधुर मधु, नहिं विकास इहिं काल।
अली कली ही से बंध्यो, आगे कौन हवाल।।

ओरछा राज्य की नर्तकी राय प्रवीण की सुंदरता और काव्य कौशल पर मोहित होकर अकबर बादशाह ने दरबार बुलाया। किंतु एक दोहे के कारण बादशाह को शर्मिंदा होना पड़ा।

विनती राय प्रवीण की, सुनिए शाह सुजान।
जूठी पातर भखत हैं, वारी बायस श्वान।।

दोहा लेखन एक कला है जो मात्र दो पंक्तियों पर लिखा जाता है। यह 24 मात्रा का एक अर्द्ध सम मात्रिक छंद है। जिसे 13, 11 के विधान पर लिखा जाता है। विषम चरण का चरणान्त 12 या 111 होता है वहीं सम चरण का पदांत हमेशा 21 होता है। इसकी 11 वीं मात्रा सदैव लघु होती है। इसकी शुरुआत जगण शब्द 121 से नहीं होती। छंद साधक सबसे पहले इसी विधान को सीखते हैं। फिर छंदों की साधना में आगे बढ़ते हैं।

इसका विषम कल संयोजन–

तीन तीन दो तीन दो, तीन तीन दो तीन।
यही विषम कल योजना, दोहा लिखें नवीन।।

इसका समकल संयोजन–

चार चार दो एक दो, चार चार दो एक।
सम कल संयोजन यही, दोहा लिखें अनेक।।

सर्व प्रथम मेरे द्वारा बुंदेली भाषा जो हमारी क्षेत्रीय भाषा है में दोहा लिखने का सौभाग्य प्राप्त हुआ। बुंदेली साहित्य समूह पर प्रतिदिन दोहा लेखन में कई सालों तक भाग लिया। लगभग 5000 दोहों के संकलन में से कुछ चुने हुए प्रतिनिधि दोहों को जिनकी संख्या 2,000 है। समाज जीवन के हर पहलू पर, प्रकृति, पर्यावरण, समसामयिक, दर्शन, अध्यात्म वा नीतिगत विषयों को इस पुस्तक में स्थान मिला है। मैं आज भी बिलासा छंद महालय छत्तीसगढ़ छंदाचार्य डा. रामनाथ साहू ननकी जी के सानिध्य में विविध छंदों को सीख रहा हूँ।

पुस्तक प्रकाशन का मेरा प्रथम प्रयास है। संभव है कुछ त्रुटियाँ हुई होंगी। पाठक वृंद विद्वत समाज एवम् साहित्य मनीषी मुझे नादान समझकर क्षमा दान प्रदान करेंगे।

अशोक पटसारिया नादान
रिटायर्ड पोस्टमास्टर (भारत सरकार)
कवि साहित्यकार
सद्भावना मेंशन, हंस–कुटी, रेंज मुहल्ला वार्ड नं. 7, लिधौरा
तह.लिधौरा जिला टीकमगढ़ मध्यप्रदेश – 472331
मोबाइल : 9977828410
ईमेल :– kaviashokptsariyanadan@gmail.com

श्री गणेश

पूजा प्रथम गणेश की, सीखो छंद विधान।
माँ शारद की हो कृपा, साधक बनें महान।।

वंदन करें गणेश का, फिर करिए कुछ काम।
माँ शारद को कर नमन, भजिए अपने राम।।

सरस काव्य लेखन करूँ, दो माँ अब वरदान।
लंबोदर कर दें कृपा, लेखन बनें सुजान।।

करें विनायक जी कृपा, मंगल करें गणेश।
लंबोदर जी बुद्धि दें, काटें कठिन कलेश।।

विघ्न विनायक आइए, आसन लीजे आप।
संसारी के मेटिए, जीवन के संताप।।

दीनों पर करिए कृपा, सदा विनायक राम।
हे गज बदन सुधारिए, जपूँ आपका नाम।।

आज विनायक आप हैं, मेरे मंगल नाथ।
संकट सबके टालिए, देकर सर पर हाथ।।

नित्य विनायक आपको, दें मोदक का भोग।
रिद्धि-सिद्धि सब दीजिए, बना रहे संयोग।।

नित्य आरती कीजिए, रखिए मंगल भोग।
वक्रतुंड मोदक चखें, ये अद्भुत संयोग।।

करें आरती का यजन, सुबह शाम सब भक्त।
श्री गणेश कर दें कृपा, हो जीवन अनुरक्त।।

विघ्न विनाशक

गणपति बप्पा आइए, रिद्धि सिद्धि के साथ।
करें आरती वंदना, रखें दास पर हाथ।।

दूर्वा दल चढ़ती जिन्हें, उनका नाम गणेश।
रिद्धि-सिद्धि दाता सदा, कहलाते प्रथमेश।।

दूर्वा दल प्यारी लगे, मोदक प्रिय गणनाथ।
सादर सेवा में खड़े, रखना सर पर हाथ।।

गणपति के दरवार में, पड़े रहो दिन रात।
कब आ जाए शुभ घड़ी, कब बन जाए बात।।

वीणा पाणी शारदे, दो शब्दों का ज्ञान।
छंद देव करिए कृपा, साधक बनें महान।।

वीणा पाणी की कृपा, गण पति का वरदान।
रंग चढ़ा गुरुदेव का, छंद हुए आसान।।

छंद देव करिए कृपा, देकर बुद्धि विवेक।
हे माँ शारद दीजिए, भाव एक से एक।।

छंद देव कर दें कृपा, कविता लिखूँ सुजान।
वरद हस्त रख शारदे, अपनी रखें कमान।।

छंद देव करिए कृपा, देकर बुद्धि विवेक।
दोष मुक्त कर दो सृजन, भाव एक से एक।।

भावों में दो दिव्यता, वाणी में रसधार।
शब्दों से झंकृत करो, मन वीणा के तार।।

मंगल मूर्ति

विघ्न विनाशक को नमन, वंदन शत-शत बार।
वरद हस्त हम पर रखो, अबके करो सँभार।।

गणपति बप्पा आइए, रिद्धि सिद्धि के साथ।
करें आरती वंदना, रखें दास पर हाथ।।

गणपति के दरवार में, पड़े रहो दिन रात।
कब आ जाए शुभ घड़ी, कब बन जाए बात।।

नित्य आरती कीजिए, रखिए मंगल भोग।
वक्रतुंड मोदक चखें, ये अद्भुत संयोग।।

करें आरती का यजन, सुबह शाम सब भक्त।
श्री गणेश कर दें कृपा, हो जीवन अनुरक्त।।

दूर्वा दल चढ़ती जिन्हें, उनका नाम गणेश।
रिद्धि-सिद्धि दाता सदा, कहलाते प्रथमेश।।

दूर्वा दल प्यारी लगे, मोदक प्रिय गणनाथ।
सादर सेवा में खड़े, रखना सर पर हाथ।।

शिवा भवानी आपको, करती तुम पर नेह।
शुभ से मंगल कीजिए, मेट सकल संदेह।।

सकल विघ्नहर्ता तुम्हीं, तुम ही हो प्रथमेश।
वुधि विवेक के देवता, मङ्गल करो गणेश।।

दूर करो भगवान जी, कलुषित मन की पीर।
मङ्गल करो गणेश जी, हम हैं बहुत अधीर।।

माँ वीणा पाणि

माँ मैं कुछ जाँनू नहीं, सदा भरोसा एक।
मिलता तेरे ध्यान से, विद्या विनय विवेक।।

माँ तू ने कर दी कृपा, गणपति कृपा विशेष।
माँ ने देने में कहीं, रखी ना ख्वाहिश शेष।।

वीणा पुस्तक धारणी, शब्द ज्ञान दातार।
भाव भक्ति के दीजिए, हमको बारंबार।।

सतगुरु करते हैं कृपा, मिलती दुआ अपार।
माँ शब्दों के ज्ञान का, देती भाव विचार।।

शब्दों में माँ दो असर, त्रिविधा करो सँभार।
गणपति दो आशीष का, हम पर हाँथ पसार।।

माँ क्ररतीं है जब कृपा, गुरु करते हैं प्यार।
गुणी जनों की दुआ से, पैनी रहती धार।।

माँ शब्दों में धार दो, जादू सा हो काम।
रहे हाथ सर पर सदा, स्वर साधूँ निष्काम।।

शब्दों की जादूगरी, हो लेखन में जान।
सृजन शब्द विन्यास से, पाता है सम्मान।।

लेखन होबे मखमली, श्रोता आत्म विभोर।
पाता है सम्मान वह, कवि होता चित चोर।।

शब्द कसौटी पर कसें, दमकें स्वर्ण समान।
शब्दों के जेवर गढ़ें, मिले खूब सम्मान।।

माँ शारदे

चरण शरण में लीजिए, हे माँ शारद आप।
शब्द स्वरों का ज्ञान दे, हरिए सब संताप।।

शरण तुम्हारी आ गया, वीणा पाणी आज।
शब्द स्वरों का ज्ञान दो, ज़िंदा करदो साज।।

वीणा पाणी की कृपा, गणपति का वरदान।
रंग चढ़ा गुरुदेव का, छंद हुए आसान।।

वीणा पाणी की कृपा, देती है जब ज्ञान।
देती शब्दों में असर, झोली में सम्मान।।

शरद माँ करिए कृपा, देकर बुद्धि विवेक।
दोष मुक्त कर दो सृजन, भाव एक से एक।।

भावों में दो दिव्यता, वाणी में रसधार।
शब्दों से झंकृत करो, मन वीणा के तार।।

जग जननी माँ शारदे, करें कृपा की कोर।
शब्दों को पढ़के रहें, पाठक भाव विभोर।।

जगजननी जगदंबिके, सबकी पालन हार।
करुणा मय करुणा करो, खड़ा तुम्हारे द्वार।।

जग जननी माँ शारदे, बड़ा तुम्हारा नाम।
अखिल विश्व को दीजिए, शांन्ति का पैगाम।।

सच्चिदानंद स्वरुपणी, परमेश्वरि सुख धाम।
साधक का कल्याण कर, मंगल कर सब काम।।

हंस वाहिनी

हंस वाहिनी शारदे, माँ जग जननी आप।
दास शरण में आपके, मेटें सब संताप।।

निर्मल वाणी कीजिए, शब्द ज्ञान भण्डार।
मन वीणा के जोड़िए, टूट गए जो तार।।

सप्त स्वरों का ज्ञान दे, मात भवानी आज।
वरद पुत्र विनती करे, जोड़ो मन के साज।।

जिभ्या पर बैठो सदा, रचो शब्द विन्यास।
सरस काव्य लेखन करूँ, यही आपसे आस।।

गागर में सागर भरो, शब्द-शब्द में ज्ञान।
आप विराजें कंठ में, महिमा करूँ बखान।।

माँ शारद तुमको नमन, विद्या करें प्रदान।
शब्द भाव में रस भरें, साधक बनें महान।।

ध्वजा नारियल फूल फल, और जलाऊँ दीप।
हृदय भाव अर्पण करूँ, माँ के गाऊँ गीत।।

माता के दर्शन करूँ, जिस दिन माँ का वार।
चूनर लाल निहारती, करती माँ आभार।।

जन्म दिवस पर माँ तुम्हें, वंदन सौ-सौ बार।
ऋतु बसंत पर शारदे, भरो ज्ञान भंडार।।

माँ शारद करती कृपा, रचते नए विधान।
छंद देव का नाम ले, करते नव संधान।।

गुरु शरणागत

गुरु देता जब ज्ञान में, अक्षर दिव्य अनूप।
ज्योतिर्मय होता सदा, मन मंदिर का रूप।।

गुरुवर ने कर दी कृपा, साधक बने सुजान।
आभारी हूँ आपका, पाकर छंद विधान।।

गुरुवर की लेकर शरण, करें साधना ध्यान।
अंतर्मन में झाँकिए, पहले खुद को जान।।

मिला ज्ञान गुरुदेव से, तब से मालामाल।
रंग चढ़ा अध्यात्म का, अंतस हुआ निहाल।।

रंग भरो सत्संग का, पाओ गुरु का ज्ञान।
अंतस तम का नाश हो, प्रकटें घट भगवान।।

जिसने सर पर धार ली, गुरु चरणों की धूल।
हो जाता संसार ही, फिर उसके अनुकूल।।

सच्चे साथी आपके, मात पिता गुरु तीन।
जिनसे सुंदर तन मिला,मानव बने कुलीन।।

महिमा है सत्संग की, गुरु से मिलता ज्ञान।
कागा से कोयल बना, बगुला हंस समान।।

मीरा का जब गल गया, अहंकार का बीज।
मिले गुरु रैदास तब, मिटी जन्म की खीज।।

शबरी को जब ज्ञान दे, गुरु ने किया निहाल।
ऋषि मतंग की बात को, मान लिया तत्काल।।

गुरु वंदना

पथ दर्शक गुरुदेव हैं, मानें उनकी बात।
द्वंदों से ऊपर रखें, मन के सब हालात।।

गुरुवर इस संसार को, कहते बड़ा विचित्र।
ब्रह्मज्ञान लेकर रखें, ऊँचा आज चरित्र।।

नमन करें गुरुदेव को, शरणागत हों आप।
मिट जायेंगे आपके, जीवन के संताप।।

जो करता गुरुदेव की, आज्ञा का सम्मान।
शिष्य वही संसार में, बनता बहुत महान।।

शिष्य धर्म थोड़ा कठिन, रखे फूँक कर पाँव।
गुरु की आज्ञा में रहें, नगर मिले या गाँव।।

मात पिता गुरुदेव का, हो जब सर पर हाथ।
तो समझो उम्मीद की, एक किरण है साथ।।

गुरु के चरणों में नमन, करते बारंबार।
ज्ञान खड़ग देकर हमें, सदा लगाते पार।।

देव पितर गुरु के ऋणी, काँधों पर है भार।
जीवन में करके जतन, थोड़ा देय उतार।।

अंकुर फूटा ज्ञान का, गुरु ने डाली खाद।
सत्सँग का पानी मिला, हो गय हम आबाद।।

गुरु चरणों में दंडवत, करिए नित्य प्रणाम।
ज्योतिर्मय हो जाएगा, घट में प्रभु का नाम।।

गुरु महिमा

सूरदास को जब मिली, गुरु से अंतर्दृष्टि।
प्रकट हुआ ब्रह्मांड सब, देख सके वो सृष्टि।।

होता बुद्धि विवेक से, परे आत्म का ज्ञान।
सदगुरु बिन होती नहीं, आतम की पहिचान।।

जिसको बाहर खोजते, खींचे स्वाँसा डोर।
बिन सदगुरु के ब्रह्म का, नहीं मिलेगा छोर।।

मजबूरी किस बात की, जब गुरु का है साथ।
सर कढ़ाइ में आपकी, घी में दोनों हाथ।।

गंगा सा पावन सलिल, गीता जैसा ज्ञान।
भागीरथ सा तप कहाँ, गुरु दधीचि सा दान।।

यह तन सार्थक हो गया, गुरु चरणों में लीन।
निजानंद में खुश रहूँ, ज्यों सागर में मीन।।

चेतन के इस भेद का, करते वेद बखान।
तत्व ज्ञान के मर्म को, तू सदगुरु से जान।।

कीट भृंग के साथ से, भृंगी बने महान।
सदगुरु पारस जानिए, करलें आप समान।।

शब्दों में होता असर, जब देते गुरु ज्ञान।
अंतर तम को हटा कर, हर लेते अज्ञान।।

अंतस का तम भेदते, सत्य नाम संधान।
गुरु की कृपा प्रसाद से, होता इसका ज्ञान।।

माँ

कवि लिखता है वेदना, कविता का संसार।
माँ से मिलती है सदा, शब्दों की रसधार।।

कविता के संसार में, होती कलम प्रधान।
लिखने का देती हुनर, माँ सबको नादान।।

नमन करूँ माँ आपको, करो दास पर छोह।
चरण शरण में लीजिए, दूर कीजिए मोह।।

ज्ञान पिपासा बढ़ गई, मिला आपका साथ।
कृपा दास पर कीजिए, सिर पर रखिए हाथ।।

शब्दों का लालित्य ही, है कविता कि जान।
शब्दों की बाज़ीगरी, है माँ का वरदान।।

शब्दों की बाज़ीगरी, शब्दों से खिलवाड़।
है ऐसी माँ की दुआ, कवि जाता है ताड़।।

छमा दया करुणा कृपा, मानवता का ज्ञान।
घर से ही व्यवहार की, माँ देती पहिचान।।

शब्दों के लालित्य से, कविता बने महान।
माँ दे देती पुत्र को, जब त्रिविधा वरदान।।

जिसके चिंतन में रहा, सदा हमारा ध्यान।
उस माँ के अहसान का, कैसे करें बखान।।

माँ से गहरा कौन है, जो करता परवाह।
धीरज करुणा प्रेम से, माता भरी अथाह।।

जगदंबिके

दुर्गा दुर्मति नाशनी, मङ्गल कर सब काज।
आन विराजो बुद्धि में, भटका बहुत समाज।।

जगजननी जगदम्बिके, जग की पालनहार।
प्रथम शैल पुत्री नमन, भरो मात भंडार।।

करुणामयि करुणा करो, दीजे त्रिविधा ज्ञान।
खुशहाली अरु प्रेम का, जीवन में वरदान।।

सच्चिदानंद स्वरूपणी, परमेश्वरी सुखधाम।
जन-जन के कल्याण के, करिए सारे काम।।

माता के सब भक्त हैं, माता की नवरात।
माता के सब पुत्र हैं, माता की हर बात।।

मैया की नवरात है, मैया के त्यौहार।
मैया के हैं हम सभी, मैया पालनहार।।

शारदीय नवरात्रि में, करते पूजा दान।
माता जी को जल चढ़े, होते बड़े विधान।।

नवदुर्गा को पूजते, करते बहुत विधान।
कन्या रूपी रत्न का, करते कन्यादान।।

आलिंगन शिशु का करे, मिले सुखद आनंद।
माँ को मिलता स्वर्ग सुख, जैसे हो मकरंद।।

शिशु करता अठखेलियाँ, माँ करती है प्यार।
चुंबन लेकर माँ तभी, लेती नजर उतार।।

भारत वर्ष

भारत वैभव विश्व में, होता रहा बखान।
सोने की चिड़िया रहा, मेरा देश महान।।

उन्नत मेरा देश था, था वैदिक विज्ञान।
ऋषियों ने ही कर दिए, लाखों अनुसंधान।।

संकट आने कब दिया, जब भी दी आवाज।
लिए तिरंगा हाथ में, खड़े रहे जॉबाज।।

चंद्रयान लेकर गए, सबसे पहली बार।
गया तिरंगा चाँद पर, दक्षिण ध्रुव के पार।।

सरहद की रक्षा करें, अपने वीर जवान।
भारत माता के लिए, हो जाते कुरबान।।

निष्फल कर देते सभी, दुश्मन की करतूत।
भारत माता ने दिए, ऐसे वीर सपूत।।

सीधा सा संदेश है, जन गण मन के नाम।
पूरी श्रृद्धा से अभी, करें राष्ट्र का काम।।

जो शहीद होते गए, देकर अपनी जान।
कोटि नमन करता उन्हें, अपना हिंदुस्तान।।

खबर नहीं थी गाँव में, मना रहे थे ईद।
अमर हो गई कोख वो, देखा रक्त शहीद।।

गर्व करो उन पर सभी, जो करते बलिदान।
सच्चे सैनिक देश के, वही देश की शान।।

हिंदुस्तान

आज मिली है देश को, ऊँची एक उड़ान।
रक्षा हिंदुस्तान की, करते वीर जवान।।

मेरा हिंदुस्तान ही, है मेरा मन मीत।
हमको प्यारी एकता, देश प्रेम के गीत।।

विश्व गुरू भारत रहा, सब था इसके पास।
पढ़ कर देखो आप भी, गौरवमय इतिहास।।

वेद मंत्र वैदिक गणित, ज्योतिष आयुर्वेद।
योग चिकित्सा धर्म का, है इतिहास अभेद।।

कुर्बानी देकर करें, झंडे का सम्मान।
भारत ऐसे लाल का, करता गौरव गान।।

जो मर्दानी बन गई, किया आत्म बलिदान।
रानी झाँसी को मिला, वह गौरव सम्मान।।

गौरव मय इतिहास है, भारत की पहिंचान।
इसकी माटी में बसा, दीन धर्म ईमान।।

युवा शक्ति के केंद्र में, भारत है सरताज।
रोजगार मिलता रहे, परिवारों को आज।।

मिट्टी चूमें देश की, हो जाते बलिदान।
है उनको शत-शत नमन, रखें देश का मान।।

अमर शहीदों को नमन, शत-शत करो प्रणाम।
जिनके उन्नत भाल ने, किया देश कल्याण।।

जय हिंद

मस्तक ऊंचा ही रखा, कर ध्वज का सम्मान।
वन्दे मातरम बोलकर, दे दी अपनी जान।।

जो चौकस हैं बर्फ में, दलदल में चैतन्य।
जिनके कारण देश है, उन माँओं को धन्य।।

उनके जज्बे को नमन, हो गय जो कुर्बान।
जिनकी रग में है बतन, दिल में हिंदुस्तान।।

सच्चा वीर सपूत वो, करता जो कर्तव्य।
जिसके केवल नाम से, लिख जाता भवतव्य।।

भारत माँ के शूरमा, करें प्रबल प्रतिघात।
जब आती है आपदा, कोई झंझाबात।।

भारत अब तैयार है, पूर्ण हुआ श्रमदान।
अखिल विश्व में हो रहा, भारत का सम्मान।।

नारा सबसे था अलग, भारत का जय हिंद।
जैसे विकसित हो अभी, सरवर में अरविंद।।

जय जवान का देश में, नारा किया बुलंद।
लाल बहादुर जी सदा, सबकी रहे पसंद।।

जिनके पौरुष से खड़ा, अपना हिंदुस्तान।
व्यर्थ नहीं जाता कभी, सैनिक का बलिदान।।

रोक नहीं पाता जिसे, बर्फीला तूफान।
सैनिक के दिल में बसा, अपना हिंदुस्तान।।

गणतंत्र

जन–गण के मनकी करो, साधन सुविधा आप।
तंत्र वही होता सफल, रहता नहीं विलाप।।

गण के मन की कसमकस, करता तंत्र विचार।
या फिर दिखता है कहीं, कहीं बहुत लाचार।।

तंत्र प्रशासन हाथ में, गण का एक निकाय।
जनकी समुचित व्यवस्था, इसके और सिवाय।।

गण जो मागे दे वही, यही तंत्र का काम।
पर ऐसा होता नहीं, काम कभी निष्काम।।

गण होता है जन के लिए, छोटा एक समूह।
सुखी रहें जन गण सभी, तंत्र रहे प्रत्यूह।।

तंत्र व्यवस्था को कहो, गण हैं मानव मात्र।
सुख सुविधा रुजगार दो, जो हैं इसके पात्र।।

बदल रहे हो मुखौटा, चलकर अपनी चाल।
ठगते हो इस देश को, होकर मालामाल।।

नहीं बचे राजा अभी, अब आया गणतंत्र।
लोकतंत्र में आपके, विदा हुए सब मंत्र।।

भारत दुनियाँ से बड़ा, है स्वतंत्र गणराज्य।
बोली भाषायें अलग, किंतु सभी अभिभाज्य।।

जिनसे जन गण खुश रहे, ऐसा बने विधान।
भारत के गणतंत्र में, सबसे दुखी किसान।।

वंदे मातरम

झंडे का गणतंत्र में, है पहला सम्मान।
लाखों लोगों ने यहाँ, दी है अपनी जान।।

राष्ट्र प्रथम होता सदा, झंडा उसका मान।
भारत के दिल में बसा, अपना हिंदुस्तान।।

भारत के गणतंत्र का, देख यहाँ अस्तित्व।
हतप्रभ है दुनियाँ सभी, निखरा है व्यक्तित्व।।

अखिल विश्व मशहूर है, भारत का गणतंत्र।
मानवता से हैं भरे, सभी हमारे मंत्र।।

जो अपना सर्वस्व ही, करता है कुर्बान।
व्यर्थ नहीं जाता कभी, सैनिक का बलिदान।।

मिट जाते हैं देश पर, देकर अपनी जान।
व्यर्थ नहीं जाता कभी, सिंहों का बलिदान।।

पौरुष दिखलाते हुए, हो जाते कुर्बान।
व्यर्थ नहीं जाता कभी, जीवन का बलिदान।।

वीरों के इस देश में, काम हुए कुछ खास।
रानी राजा का समय, बना आज इतिहास।।

मिट जाते हैं देश पर, देकर अपनी जान।
व्यर्थ नहीं जाता कभी, सिंहों का बलिदान।।

मतदाता शिक्षित रहे, कहे नीति गत बात।
देश विरोधी ताकतें, करें हमेशा घात।।

लोकतंत्र

अपराधी नेता हुए, भ्रष्ट हुआ सब मंत्र।
देख सियासी साजिशें, दुखी हुआ गणतंत्र।।

दुनियाँ में सबसे बड़ा, संविधान जनतंत्र।
कुछ मौलिक अधिकार हैं, कर्तव्यों के मंत्र।।

संविधान सबसे बड़ा, लोकतंत्र की जान।
संविधान सबके के लिए, सबको एक समान।।

भारत के गणतंत्र का, अखिल विश्व में मान।
संवैधानिक पात्रता, लोकतंत्र की जान।।

विकट सियासी हलचलें, भ्रष्ट तंत्र के तार।
गर जनता खुश है नहीं, सभी तंत्र बेकार।।

कितने घोटाले करो, बदलो तुम परिवेश।
जनता सब कुछ देखती, गुस्से में है देश।।

देख चुनावी हलचलें, जन गण बैठा मौन।
लोकतंत्र में को कहे, अगला दूल्हा कौन।।

इसके कण-कण में रचा, त्याग प्रेम बलिदान।
प्राणों से प्यारा हमें, अपना हिंदुस्तान।।

गौरवमय इतिहास ही, है इसकी पहचान।
इसकी माटी में बसा, दीन धर्म ईमान।।

गिरगिट भी शर्मा गया, देख तुम्हारे ढंग।
तुम्हें शर्म आई नहीं, इतने बदले रंग।।

कामिनी

कानों के शृंगार का, अपना एक प्रताप।
सुंदर लगते झूमका, जब भी पहने आप।।

जीवन में खुशियाँ मिलें, आए खूब बहार।
झुमकी हो या झूमका, करना है शृंगार।।

छैल छबीली छवि बना, उल्टा पल्लू डाल।
आँखों में कजरा लगा, लहराती रूमाल।।

पल्लू में फुँदना लगे, फुँदना में रँग चार।
सतरंगी है पोलका, सुंदर चुन्नट दार।।

नित नूतन शृंगार कर, करें अप्सरा गान।
फिर भी तो रीझें नहीं, इंद्र देव भगवान।।

नारी का शृंगार जब, खींचे अपनी ओर।
सुंदर मन भावन लगे, ये काजल की कोर।।

पायल बिंदी कर धनी, पहने बाजू बंद।
आँखों में काजल लगा, रचती है छल छंद।।

नारी के जिस रूप पर, मोहित है संसार।
माया के जंजाल का, बड़ा कठिन विस्तार।।

कच कुच कंचन कामनी, सब माया के रूप।
ललित कला से युक्त है, नारी दिव्य अनूप।।

जीवन का है स्वर्ण युग, नारी यौवन काल।
नयन नशीले रस भरे, सुर्ख लाल हैं गाल।।

नारी

आँगन तक नारी चले, परिजन सब शमशान।
इसके आगे नाम जप, ऐसा सत्य विधान।।

प्यारे रतनारे लगें, नयन नशीले आज।
डोरे उभरे मद भरे, गिरा रहे हैं गाज।।

जिस घर में नारी नहीं, समझो उसका अंत।
गृह की शोभा दिव्यता, नारी से जीवंत।।

अब भी नारी सह रही, पुरुषों के अघात।
चीर हरण होता कहीं, बड़े शर्म की बात।।

दुष्ट दुशासन खीचता, चौराहों पर चीर।
नारी सहती वेदना, होकर बहुत अधीर।।

नारी ने यमराज से, कब माँगा था त्राण।
तप से वापस ले लिए, सत्यवान के प्राण।।

प्रसव वेदना सह गई, माँ बनने की चाह।
थी कोमल काया मगर, भूल गई परवाह।।

असह वेदना सह गई, यह नारी की देह।
नन्हीं सी किलकारियाँ, बरसी बनकर मेह।।

नारी है नारायणी, नारी नर की खान।
नारी के सम्मान में, है सबका कल्यान।।

दोनों कुल की लाज का, जो रखती है ध्यान।
नारी की चिंता करो, नारी का सम्मान।।

वामा

घर के रीत रिवाज का, जो रखती है ध्यान।
जिस घर में नारी हँसे, वह घर स्वर्ग समान।।

नारी से संसार में, चलता हर व्यवहार।
नारी करतीं है यहाँ, रिश्तों का श्रृंगार।।

प्रेम और विश्वास है, इन रिश्तों की जान।
सदा सर्वदा ही करें, नारी का सम्मान।।

नारी को समझो नहीं, अबला या कमजोर।
नारी से संसार में, बँधी प्रेम की डोर।।

कड़ी सुरक्षा के लिए, कर देते बदलाव।
नारी शक्ति के लिए, रखते हैं सदभाव।।

रोजगार माँगें युवा, कब दीजे सरकार।
सबसे पहिले दीजिए, नारी का अधिकार।।

परछाईं से दूर हो, कस के रखो लगोट।
घूमो फिर संसार में, रहे न दिल में खोट।।

मुगलों के व्यभिचार से, दुनियाँ थी हैरान।
घूँघट तबसे बन गया, नारी का परिधान।।

परछाईं जो पड़ गई, अंधा बना भुजंग।
उनकी गति कैसे कहें, नित नारी के संग।।

जिस घर में नारी नहीं, उसे जान बेकार।
नारी से घर में रहे, शोभा अपरंपार।।

बेटी

दीन पिता की प्रेरणा, बेटी जीवन प्राण।
जीवन की आराधना, माता की मुस्कान।।

आसमान को चीरकर, भरती आज उड़ान।
बेटी जो आगे बढे, बढ़े देश का मान।।

बेटी ईश्वर की कृपा, का अनुपम वरदान।
बेटी जिस घर में हँसे, वो घर स्वर्ग समान।।

कठिन जुदाई का समय, रोते हैं सब लोग।
एक बार रोता पिता, जब होता संयोग।।

बिटिया परियों की कथा, मानस की पद चाप।
बिटिया स्वाँसा जीव की, कब समझेंगे आप।।

बिटिया बहुयें एक रस, दोनों एक समान।
बेटों जैसा इन्हें भी, मिले प्यार सम्मान।।

दोनों कुल की जान है, दोनों कुल का मान।
बेटी से ही है सदा, आन वान उर शान।।

थका हुआ आया पिता, करके अपने काम।
बेटी की किलकार से, मिला उसे आराम।।

गुड्डा गुड़ियाँ छूटते, छूट गये सब खेल।
बेटी अपने घर चली, बड़ी वंश की बेल।।

बेटी जैसा भाव हो, जो लड़कों में आज।
मात पिता सुख से रहें, खुश हो सकल समाज।।

सुता

कम रोटी को देखकर, बेटी हुई उदास।
बोली पापा खाइये, मेरा तो उपवास।।

कुदरत ने जिसको दिया, बेटी का उपहार।
उसके दामन में मिला, जीवन भर का प्यार।।

बेटी दुनियाँ की धुरी, हिंदी का अनुप्रास।
बेटी परियों की कथा, कोमल सा अहसास।।

सूरज की पहली किरण, घर आंगन की जान।
बेटी अब तेरे बिना, घर लगता शमशान।।

बेटी अंतिम स्वांस तक, रखती माँ का ध्यान।
और पिता मैं ही सदा, बसते उसकी जान।।

जिस घर में होता नहीं, बेटी का गुणगान।
वहाँ रूठ जाते सभी, देव मनुज भगवान।।

बिलख- बिलख करती रही, सबसे करुण पुकार।
मत मारो मुझको यहाँ, मैं माँ का अवतार।।

बेटी बनकर मैं रखूं, दोंनों कुल की शान।
जननी बनकर के तुम्हें, दूंगी कुछ संतान।।

मैं दूंगी परिवार का, मरते दम तक साथ।
अर्थी निकलेगी यहीं, लगे सभी का हाथ।।

तुझे दया आई नहीं, रे मूरख नादान।
बेटी मारी कोख में, बना मनुज शैतान।।

दुहिता

कम रोटी को देखके, बेटी हुई उदास।
बोली पापा खाइए, मेरा तो उपवास।।

बेटी जब आगे बढ़े, गढ़े देश का मान।
आसमान को चीरती, भरती नित्य उड़ान।।

बेटी आँगन का दिया, बेटी घर की शान।
बेटी घर से क्या गई, काम आते महमान।।

पगड़ी इज्जत दार की, होती उसकी शान।
जब चरणों पर टेक दे, करें क्षमा भगवान।।

एक पिता ने प्राण दे, दिया आपको दान।
पगड़ी नहीं उछालिए, उन्हें दीजिए मान।।

माँ का हाथ बटायगी, बेटी खुश है आज।
गोल रोटियां देखकर, पापा को है नाज।।

बेटी अब्बल काम में, पढ़ने में हुशियार।
बेटी मारे कोख में, टुकड़े किए हजार।।

बेटा घर का लाड़ला, बेटी घर की शान।
दोनों में अंतर नहीं, जो भी दे भगवान।।

दुहिता है मंगल कलश, सबके शुभ की आस।
इसीलिए भगवान ने, भेजा उसको खास।।

खाता उनका खोलिए, पुत्री पुत्र समान।
अल्प बचत की आदतें, है उनकी पहचान।।

जय श्री राम

राम आगमन की अभी, खूब मची है धूम।
मंदिर गलियाँ सज गईं, चरणों की रज चूम।।

राम विराजें ठाठ से, आया समय सुजान।
हर्षित हैं सब देवता, करने को जय गान।।

राम-राम रटते रहो, घूमो चारों धाम।
राम नाम जाना नहीं, मिला नहीं विश्राम।।

स्वाँसों में जो रम रहा, बन के चेतन प्राण।
उसी नाम के जाप से, होता है कल्याण।।

रोम-रोम में जो रमा, रखता है चेतन्य।
उसी मंत्र को संत जन, भजें जीव ते धन्य।।

राम-नाम महिमा अमित, कहते वेद पुराण।
भजते जिसको संत जन,उससे है कल्याण।।

नाम अखिल ब्रह्मांड का, करता है कल्याण।
प्रेम सहित डूबा वही, मिला उसी को त्राण।।

नाम लिया संसार में, जाना जिसने भेद।
राम नाम चादर तले, हुए अनेकों छेद।।

राम जानने का विषय, साधक करता खोज।
घट के भीतर नाम है, रहे उसी से ओज।।

हम सो जाते हैं मगर, चलती कैसे स्वाँस।
इसी रमज को खोज ले, कटे गले की फाँस।।

राम नाम

घर-घर चर्चा राम की, मची धूम चहुँ ओर।
दुनियाँ भर में हो गया, राम नाम का शोर।।

घर-घर चर्चा राम की, राम राज्य का शोर।
हम सब एक पतंग हैं, हाथ राम के डोर।।

जिसके कारण टेंट में, रहे राम सरकार।
उन्हें टेंट में भेजना, हम सबका अधिकार।।

युग युग में श्री राम का, होगा गौरव गान।
अमर रहेगी सभ्यता,जब तक है दिनमान।।

घी के दिये जलाइये, घर-घर वन्दनवार।
जन्मोत्सव है राम का, खूब सजाओ द्वार।।

लगन लगा लो राम से, जपो राम का नाम।
अष्ट पहर चिंतन रहे, उनका ही गुण धाम।।

दशरथ के घर राम का, था प्राकट्य विधान।
यज्ञ किया पुत्रेष्ठि जब, प्रकटी तब संतान।।

राम नाम का जल रहा, घट में एक चिराग।
जिससे मानव देह के, चलते सभी विभाग।।

नाम राम का गुप्त है, जान ह्रदय के बीच।
पैर छुओ गुरुदेव के, नित्य जतन से सीच।।

नाम लिया सो सब लिया, दाता हैं गुरुदेव।
वही नाम के देव हैं, करें उन्हीं की सेव।।

नाम महिमा

नाम राम का कल्पतरु, नाम जगत आधार।
जान लिया जिस जीव ने, पार हुआ संसार।।

स्वाँसों की पूँजी मिली, करिए खर्च सँभाल।
तब तक जिंदाबाद है, जब तक हैं यह लाल।।

असली पूँजी स्वाँस है, जो सबसे अनमोल।
जपते रहिए नाम को, सिया राम जय बोल।।

शिव के जैसी साधना, लगी अखंड समाधि।
जीवन में मंगल रहा, निकट न आई व्याधि।।

जब चिंतन में डूबते, भूले सभी उपाधि।
राम कृष्ण को नित्य ही, होती भाव समाधि।।

माँगे जिनने राम के, कुछ अस्तित्व प्रमाण।
हल्ला करते फिर रहे, माँग रहे हैं त्राण।।

शबरी ने हर स्वाँस में, लिया राम का नाम।
भक्ति भाव को देखकर, चलकर आए राम।।

चित्रकूट मंदाकिनी, पावन कामद धाम।
राम जानकी के सहित, बैठे ज्यों रति काम।।

अहं गलाकर जो बने, हनूमान के दास।
राम कृपा उनको मिली, तुलसी सबसे खास।।

अंत भला सो सब भला, हुआ सुखद परिणाम।
अंतिम श्वासों में लिया, आज राम का नाम।।

शृंगार

नारी के शृंगार में, खुशबू का उपयोग।
गजरा बालों में गुथा, आकर्षित हैं लोग।।

तोड़ मोंगरा की लड़ी, गजरा बने अनेक।
बालों के सौंदर्य का, रहा प्रसाधन एक।।

यह सुहाग का चिन्ह है, होता नित्य प्रयोग।
भरें सुहागिन माँग को, आदर करते लोग।।

पहनी पायल करधनी, चूड़ी कंगन हार।
बेंदी नथनी बालियाँ, खूब किया शृंगार।।

कंगन में हीरा जड़े, मोती बाजू बंद।
मुदरी में पन्ना जड़े, बिखर रहा मकरंद।।

बिंदी शोभा भाल की, नारी का शृंगार।
होंठों पर लाली सजी, सदा सुहागिन नार।।

माँग भरी सिंदूर से, बिंदी शोभित भाल।
बिछिया पहने पाँव में, नारी लगे कमाल।।

महिमा है सिंदूर की, रखता है अहिबात।
मिट जाता सिंदूर जब, लगता है आघात।।

काजल बिंदी आल्ता, चूड़ी कंगन हार।
बेंदी मंगल सूत्र है, नारी का शृंगार।।

काजल बिंदी माँग भर, किया आज शृंगार।
हुई रात आए नहीं, मेरे प्राणाधार।।

सत्संग

जीवन में जो आपको, मिल जाये सत्संग।
हो तरंग मन की शमन, चढ़े ज्ञान का रंग।।

जो भगवन की हो कृपा, मिले संत का साथ।
नाप जाप से आपके, सर पर गुरु का हाथ।।

सत्संग से मन हो गया, पावन परम पुनीत।
जो करता है आचरण, वो सच्चा मनमीत।।

रंग भरो सत्संग का, करो स्वयं से जंग।
धीरे-धीरे तम मिटे, मन का बदले रंग।।

रंग भरो सत्संग का, खोजो उसका नाम।
जो अनादि है सृष्टि में, अविनाशी अभिराम।।

रंग भरो सत्संग का, मन की उतरे मैल।
मूल बंध से हो शुरू, ब्रह्म रंध्र की गैल।।

रंग भरो सत्संग का, लो घट का आनंद।
षट चक्रों को भेद कर, मिले सच्चिदानंद।।

दिव्य कथा सत्संग की, सुनिए बारंबार।
जीवन में मंगल सदा, सेवा का वृत धार।।

सत्संगत से उपजते, मन में शुद्ध विचार।
जो उनका स्वागत करे, सो पावे फल चार।।

प्रेम करो भगवान से, करो हमेशा याद।
संतो का स्वागत करो, पूरी हो फरयाद।।

अक्षय तृतिया

अक्षय तृतिया को करें, शुभ मङ्गल शुभ काम।
स्वयं सिद्ध यह योग है, सकल सुखों का धाम।।

यह शुभ दिन बैशाख का, शुक्लपक्ष की तीज।
इस दिन सोना क्रय करें, फिर पूजें दहलीज।।

भागीरथ ने तप किया, गंगा हुई प्रसन्न।
अक्षय तृतिया को स्वयं, परशुराम उत्पन्न।।

परशुराम भगवान का, है छठवां अवतार।
आता ताई दुष्ट का, करे परशु संहार।।

अक्षय तृतिया को पड़ी, चारों युग की नीव।
वेद पुराणों को लिखा, जो हैं बड़े अतीव।।

इस दिन ही खुलते सदा, बद्रीनाथ कपाट।
जाकर देखो आप सब, देवभूमि के ठाट।।

अक्षय तृतिया में करो, दर्शन खुद इकबार।
बाँके बिहारी लाल के, चरणों का दीदार।।

घर जमीन धन संपदा, गाड़ी भवन मकान।
अक्षय तृतिया श्रेष्ठ है, खोलें नई दुकान।।

पाणिग्रहण की यह तिथी, है अबूझ शुभ लग्न।
जन्म जन्म रिश्ता चले, रहो प्रेम में मग्न।।

अक्षय तृतिया पूजिए, लक्ष्मी और कुबेर।
सुख सौभाग बड़े सदा, लगें धान्य के ढेर।।

गंगा

पावन परम पुनीत है, गंगा का जल पान।
पापों का करता क्षरण, जो करता अस्नान।।

भागीरथ ने तप किया, गंगा हुई प्रसन्न।
धन्य हुए सारे पितर, मुक्ति हुआ जल अन्न।।

गंगा जीवन दायनी, आती सब के काम।
गंगाजल को पान कर, मिटते पाप तमाम।।

गंगा अविरल वह रही, करने को कल्याण।
मोक्षदायिनी है सदा, देती सबको त्राण।।

गंगा का है अवतरण, हर युग का आरंभ।
वेद व्यास ने भागवत, वेद किए प्रारंभ।।

पावन परम पुनीत है, गंगा का जल पान।
पापों का करता क्षरण, जो करता अस्नान।।

रोके से रुकते नहीं, ईश्वर के सब काम।
गंगा जी अविरल बहें, सब दिन आठों याम।।

ध्वजा नारियल फूल फल,और जलाऊँ दीप।
गंगा माँ अर्पण करूँ, तुमको सुंदर गीत।।

गौ मुख से है अवतरण, बहती है निष्काम।
गंगा जी के घाट पर, बने अनेकों धाम।।

पतित पावनी आपका, वंदन शत–शत बार।
गंगा सा पावन किया, मन का कलुष विकार।।

मन

तंद्रा या आलस्य हो, छोड़ें सारे काम।
अपने मन को दीजिए, थोड़ा सा आराम।।

मन को अब एकाग्र कर, पहले करिए ध्यान।
फिर अपने ही लक्ष्य पर, करियेगा संधान।।

करता मन की साधना, मन का संयम साध।
चित्त वृत्तियाँ रोक कर, साधु चले निर्वाध।।

रमता जोगी नित्य जो, करता प्रभु का ध्यान।
साधु साधना के बिना, जैसे भूत मशान।।

जो विरक्त मन से रहे, तन से सेवा कर्म।
ध्यान भजन नित ही करे, वही जानता मर्म।।

है विरक्त मन की दशा, त्यागे माया मोह।
मौन साधना रत रहे, छोड़े मिलन विछोह।।

मन संप्रक्त न जानिए, यह विषयों का दास।
विषय नहीं इसको मिलें, बैठा रहे उदास।।

जहाँ मिलें प्रभु राम जी, मन होता संप्रक्त।
भक्ति मुक्ति दाता वही, करें हमें संतृप्त।।

मन का दर्पण स्वच्छ हो, जितना परम पवित्र।
उतना सुथरा मनुज का, रहता सदा चरित्र।।

इस अभिनय में ले रहे, जितने भी प्रतिभाग।
मन दर्पण में देखिए, अपना -अपना दाग।।

कर्म भूमि

ईश्वर के संसार का, देखो कर्म विधान।
करना है सबसे कठिन, कहना है आसान।।

कर्म करो पावन यहाँ, मिले न तुमको त्रास।
पुण्य कर्म करते रहो, कभी न होगा ह्रास।।

सत्य कर्म संग्रह करो, रहे न मन में त्रास।
सेवक बन सेवा करो, कभी न होगा ह्रास।।

व्रत शरीर की शुद्धि का, एक परिष्कृत रूप।
मन वाणी से कर्म का, साधन सुखद अनूप।।

पाप कर्म से दूर कर, संकट में दे साथ।
ऐसे मित्रों को नमन, जिनका सर पर हाथ।।

कर्मों से है पुण्य का, नाता बड़ा अटूट।
मिल जाती शुभ कर्म से, जीवन में कुछ छूट।।

रखे अखिल ब्रह्मांड का, कर्म सुकर्म वृतांत।
नायक है संसार का, रहता बिलकुल शांत।।

कर्मों की बोना फसल, जीवन कर्म प्रधान।
सत कर्मों को आपसे, सीखेगी संतान।।

याद करेंगे लोग तब, जब कुछ कर्म महान।
वरना मानव देह का, मिलता कहाँ निशान।।

जीवन में सत्संग से, मिलते कर्म विचार।
कथनी करनी एक हो, यह जीवन का सार।।

धर्म

चले धर्म पर जो सुजन, उनकी राह प्रशस्त।
रहे धर्म से जो बिमुख, उनका सूरज अस्त।।

प्रेम करो हर जीव से, ये कहते भगवान।
सच्चे साथी आपके, दया धर्म ईमान।।

घट में बैठा देखता, लिखता सबके काम।
सच्चा साथी धर्म है, अपना आतम राम।।

दान दीजिए पात्र को, करो धर्म के काम।।
रुपया हो जब पास में, घूमो चारों धाम।।

तुमको भी उसने दिया, खुले हस्त से दान।
परहित सम कोई नहीं, दीन धर्म ईमान।।

दया धर्म का मूल है, क्षमा धर्म की जान।
अनुशीलन शालीनता, मानव की पहचान।।

सेवा सत्सँग दीनता, तीनों हों अनुकूल।
प्रेम जीव में हो प्रबल, दया धर्म का मूल।।

अखिल विश्व में चेतना, जीवन की पहचान।
दया धर्म के मूल में, जैसे तन में प्रान।।

अविनाशी का साथ है, ये क्यों जाता भूल।
घट में बैठा कह रहा, दया धर्म का मूल।।

अंतर्मुख हो झाँकिये, कैसे उपजे शूल।
तभी समझ में आयगा, दया धर्म का मूल।।

परशुराम

परशुराम श्री विष्णु के, हैं छटवें अवतार।
सत्य सनातन का किया, उनने धर्म प्रचार।।

महाकाल की साधना, मिला परशु वरदान।
तब से सब कहने लगे, परशुराम भगवान।।

जमदागिन के पुत्र थे, मातु रेणुका नाम।
भृगु ऋषि कुल में जन्म ले, किए अनेकों काम।।

रहे धनुर्विद्या निपुण, लिया परशु जब हाथ।
निर्बल को संबल दिया, कीन्हें दुष्ट अनाथ।।

क्षत्रिय कुल द्रोही रहे, किए परशु से वार।
उत्पीड़न अन्याय का, किया सदा संहार।।

गिरि महेंद्र पर्वत रहें, जन्म नर्मदा तीर।
लिए फावड़ा हाथ में, परशुराम बलवीर।।

धनुष भंग सुन जब गए, जनक सभा के द्वार।
रौद्र रूप को देखकर, जनक करी मनुहार।।

अक्षय तृतिया शुभ घड़ी, होते मंगल काज।
परशुराम का जन्म दिन, आया सकल समाज।।

भागीरथ ने तप किया, गंगा हुई प्रसन्न।
अक्षय तृतिया को स्वयं, परशुराम उत्पन्न।।

परशुराम के शिष्य थे, भीष्म पितामह कर्ण।
कुलगुरु द्रोणाचार्य भी, गुरुवर रहे सवर्ण।।

अध्यात्मिक चिंतन

खुली आँख से देखते, ज्यों सारा संसार।
बंद आँख से देखिए, हृदय मध्य करतार।।

जिसको बाहर खोजते, खींचे स्वाँसा डोर।
बिन सदगुरु के ब्रह्म का, नहीं मिलेगा छोर।।

आँखों को दे रोशनी, स्वाँसों को आयाम।
बैठ झरोखे खुद करे, चेतन के सब काम।।

तुम सो जाते वह जगे, चेतन रखे शरीर।
तुम तीरथ में खोजते, होती उसको पीर।।

बहिर्मुखी मन खोजता, अहंकार में चूर।
घट में बैठा आपके, खोज रहे हो दूर।।

दूध मध्य ज्यों घी छुपा, तिलके भीतर तेल।
तेरे भीतर स्वाँस की, चला रहा है रेल।।

पुष्प मध्य ज्यों गंध है, चकमक भीतर आग।
घट के भीतर ब्रह्म खुद, रखता है अनुराग।।

बिन सूरज के रोशनी, चेतन जहाँ सुहाग।
बिना बजाए बज रहे, सुन छत्तीसों राग।।

भेद नहीं करता कभी, सारे जीव समान।
हम उसकी संतान है, रखता सबका ध्यान।।

करता उसकी याद जो, उसको करता याद।
सबसे पहले भक्त को, करता है आबाद।।

आरक्षण

आरक्षण के दंश पर, चिंतन करिए आज।
इससे विघटित हो रहा, प्रतिभा वान समाज।।

आज युवाओं को नहीं, रोजगार भरपूर।
पढ़ लिखकर रोजी नहीं, जीने को मजबूर।।

आरक्षण इस देश में, प्रतिभावों पर घात।
प्रतिभा होते हुए भी, सहते हैं आघात।।

नशा युवाओं का करे, जब जीवन बर्बाद।
सरकारें विक्रय करें, कैसे हों आबाद।।

आरक्षण करते खतम, प्रतिभा मिलती आज।
रोजगार देते इन्हें, उन्नत देश समाज।।

आरक्षण कब तक चले, इस पर करो विचार।
प्रतिभाओं पर पढ़ रही, मजबूरी की मार।।

रहता अनपढ़ हाथ में, सत्ता का उपयोग।
मजबूरी की मार से, बहुत दुखी हैं लोग।।

आरक्षण नासूर है, वोटों का है खाद।
इस पर मनन नहीं हुआ, होंगे कई विवाद।।

जो गरीब उसको मिले, आरक्षण का लाभ।
या कोई दिव्यांग हो, बन जाए अभिताभ।।

मजबूरी किस बात की, आरक्षण पर आज।
डूब रहा है हिंद का, प्रतिभा वान समाज।।

बसंत

सरस्वती माँ का जनम, शुभदिन आज बसंत।
वीणा पाणी का सुयश, फैला रहे दिगंत।।

पीत धरा की ओढ़नी, फूले सरसों खेत।
नव किसलय का आगमन, शोभा बढ़ी अनंत।।

बौराई सी है हवा, भँवरे फिरें दिगन्त।
कोयल कूके आम पर, हुआ गुलमुहर संत।।

कुदरत ने श्रृंगार कर, ओढ़ी चूनर पीत।
ऋतु बसंत की आ गई, किन्तु न आये कंत।।

भँवरे गुंजन कर रहे, शीत हुई उपराम।
महुआ मादक हो रहा, बौराया है आम।।

ऋतु बसंत की आ गई, किन्तु न आये कंत।
पागल हो गइ है हवा, मौसम है बदनाम।।

नशा भाँग का चढ़ा कर, चलने लगी बयार।
सुर्ख लाल टेशू हुए, फूल गई कचनार।।

ऋतु बसंत की आ गई, किन्तु न आये कंत।
भँवरों को भी बढ़ गया, अब फूलों से प्यार।।

यौवन आया आम पर, फूल गई कचनार।
प्रियतम हैं परदेश में, आइ बसंत बहार।।

दस्तक देकर आ गया, फागुन संग अनंग।
होली की हुडदंग में, घोला उसने रंग।।

मधुमास

हवा नशीली हो गई, भँवर करें गुंजार।
तन बेसुध मन बावरा, फीकी लगे फुहार।।

झरबेरी का स्त्रोत है, झाड़ी काँटेदार।
नन्हीं सी झरबेरियाँ, जिसमें लगी हजार।।

झाड़ और झंखाड़ है, झाड़ी का परिवार।
कांटों के भी साथ में, फल लगते हरबार।।

फागुन आया देखकर, चहुँ दिशि उड़े गुलाल।
यौवन आया आम पर, टेसू फूले लाल।।

आम आज बौरा उठा, फूल उठी कचनार।
लाल-लाल टेसू हुआ, देख बसंत बहार।।

ऋतु बसंत की आ गई, फूले सेमल फूल।
लाल-लाल जंगल हुआ, पत्ते दिखें न शूल।।

तोता ने दाड़म समझ, मारी उस पर चोंच।
सेमल से निकली रुई, पाई व्यर्थ खरोंच।।

जंगल में अब खिल गए, ये पलाश के फूल।
चटख रंग लगने लगे, होली के अनुकूल।।

देखा आज पलाश को, फूल उठी कचनार।
जंगल में मंगल हुआ, छाई खूब बहार।।

रंग अनोखे यूँ लगें, जैसे देखा खाब।
काँटों में खिलता सदा, देखो सुर्ख गुलाब।।

ऋतुपति

चंपा फूली बाग में, मँहका हर शृंगार।
लगता आज गुलाब पै, आई खूब बहार।।

होली में एकत्र है, पूरा साज समाज।
नीले पीले हो गए, सारे बच्चे आज।।

झूमें नाचें लोग सब, बाजे चंग मृदंग।
होती रंग गुलाल से, होली की हुड़दंग।।

मौसम की बदली हवा, हुआ विरह का अंत।
प्रेम गीत गाने लगा, अब ऋतुराज बसंत।।

मन भावन सुंदर सुखद, चलने लगी बयार।
पेड़ों पर अब आ गया,नव किसलय का भार।।

ऋतु बसंत की आ गई, पीले हो गय खेत।
सूर्य उत्तरायण हुए, जग मंगल के हेत।।

सूर्य प्रखर होने लगे, मिला जगत को त्राण।
फसलें अब पकने लगीं, करने को कल्याण।।

भौंरे मडराने लगे, उड़ने लगा पराग।
टेसू ने फैला दई, जंगल भर में आग।।

पथरचटा फूला फिरे, लाल-लाल है गात।
सेवंती ने कर दई, रंगों की बरसात।।

सिंदूरी है गुलमुहर, बौराए सब आम।
लाल हुए बोतल ब्रुश, बेरी हुई ललाम।।

ऋतुराज

फागुना का आरंभ है, उठा रँगों में ज्वार।
नशा हवा में घुल गया, उमड़ा बेहद प्यार।।

तरुणाई से प्रेम का, है अटूट सम्बंध।
जीवन में आनंद का, होली से अनुबंध।।

मौसम ने ने फेरी नजर, हुआ विरह का अंत।
प्रेमगीत गाने लगा, अब ऋतुराज बसंत।।

हवा नशीली हो गई, महका महुआ आम।
आज हो गई शर्म से, लाल परी बदनाम।।

कुदरत ने श्रृंगार कर, ओढ़ी चूनर पीत।
ऋतुपति मिलने आ गए, कब आयें मन मीत।।

ऋतु बसंत की आ गई, बौराया है आम।
पागल ऐसी है हवा, मौसम है बदनाम।।

नशा भाँग का चढ़ा कर, चलने लगी बयार।
सुर्ख लाल टेशू हुए, फूल गई कचनार।।

ऋतु बसंत की आ गई, चलने लगी बयार।
भँवरों को भी बढ़ गया,अब फूलों से प्यार।।

यौवन आया आम पर, फूल गई कचनार।
प्रियतम हैं परदेश में, आइ बसंत बहार।।

हुई हवायें नशीली, आई बसंत बहार।
तन बेसुध मन बावरा, फीकी लगे फुहार।।

चैत्र शुक्ल की प्रतिपदा

सूर्योदय से आज ही, हुआ सृष्टि आरंभ।
ब्रह्मा जी ने कर दिया, रचना का प्रारंभ।।

राजा विक्रमादित्य से, शुरू हुआ यह काल।
विक्रम संवत चल पड़ा, कटा सभी जंजाल।।

श्री राम को इसी दिन, मिला अवध का राज।
रामराज अस्थापना, से खुश हुआ समाज।।

फसल देखके खुश हुए, बच्चे और किसान।
शुभ नक्षत्रों में बने, फिर सबके परिधान।।

शुभ मुहूर्त आये सभी, हुआ सुमङ्गल गान।
भक्ति शक्ति को मिला, मुक्ति का वरदान।।

दयानंद का दिन यही, जन्में झूले लाल।
अंगद देव जी ने यूं, सबको किया निहाल।।

शाली वाहन का हुआ, दक्षिण में विस्तार।
किया पराजित हूँण को, भारत की जयकार।।

इतने कारण हैं बहुत, खूब मनायें हर्ष।
चैत्र शुक्ल की प्रतिपदा, है अपना नव वर्ष।।

चैत्र शुक्ल की प्रतिपदा, है हिन्दू नव वर्ष।
इस दिन सभी मनाइये, नये वर्ष का हर्ष।।

बासन्ती नवरात्रि से, है इसकी शुरुआत।
राम नौमि तक हर्ष है, उत्सव है अभिजात।।

जय हनुमान

प्रेम प्रतीतहिं कपि भजे, सदा राम का नाम।
राम कृपा पाकर किए, जग में मंगल काम।।

राम भक्त में आपका, अग्रगण्य है नाम।
जन्म जयंती पर तुम्हें,शत-शत बार प्रणाम।।

जैसे ही संजीवनी, ले आए हनुमान।
नक्काड़े बजने लगे, बचे लखन के प्रान।।

माँ के श्रीमुख से सुना, राम नाम का गान।
जनक सुता की वेदना, समझ गए हनुमान।।

रावण से थर थर कपें, भूप नरेश सुरेश।
नाम सुने हनुमान का, डर जाता लंकेश।।

शनि के कुपित प्रभाव से, जग है हालाकान।
भक्ति करे हनुमान की, सदा बचेगी जान।।

कोइ विपत्ती है नहीं, जिसका नहीं निदान।
इसीलिए डरता नहीं, विपदा से हनुमान।।

माँ के श्रीमुख से सुना, राम नाम का गान।
जनक सुता की वेदना, समझ गए हनुमान।।

कृपा हुई हनुमान की, चित्र कूट के धाम।
लगा रहे चंदन तिलक, जब तुलसी के राम।।

सेवक हैं प्रभु राम के, रहते उनके धाम।
पवन पुत्र हनुमान जी, जपते पावन नाम।।

कौशल्या के राम

राम नाम संसार में, सबका है सुख धाम।
शरणागत को प्रेम दें, कौशल्या के राम।।

चौदह वर्षों बाद भी, जब आए श्री राम।
कौशल्या को छोड़कर, गए कैकई धाम।।

जैसे देखा भरत को, बाँधे बँधे न धीर।
बीते दिन वनवास के, मिटी भरत की पीर।।

करत कलेऊ राम जी, लक्ष्मण जी सरकार।
भरत शत्रुघन साथ में, आज जनक के द्वार।।

धनुष भंग सुन जब गए, परशु सभा के द्वार।
रौद्र रूप को देखकर, जनक करी मनुहार।।

राम नाम संसार में, सबका है सुख धाम।
शरणागत को प्रेम दें, कौशल्या के राम।।

किया अंजनी लाल ने, राम नाम का जाप।
राम स्वयं बस में हुए, मिटे जगत के ताप।।

पवनपुत्र ने सूर्य को, निगल लिया फल जान।
यही अंजनी लाल की, बनी एक पहिचान।।

जो चाहो पुरुषार्थ को, संयम से लो काम।
जीवन में त्यागी बनो, रखो हृदय में राम।।

आईं खुशियाँ विश्व में, हुए प्रतिष्ठित राम।
मंदिर आलोकित हुआ, बना राम का धाम।।

निर्मल मन

निर्मल मन में ही रुके, दिव्य ब्रह्म का ज्ञान।
मन विकार से हो रहित, कहते संत सुजान।।

तीरथ करने चल दिए, मन में भरे विकार।
छूटा तो कुछ भी नहीं, लेकर आए चार।।

इस विराट संसार को, धारण करता मौन।
स्वाँस चढ़ाता छोड़ता, घट में बैठा कौन।।

आँखें मन की दृष्टि हैं, देख रहीं संसार।
मन भावन सुंदर सुखद, करती हैं व्यवहार।।

आँखें मन का धन करें, चढ़े चित्त पर बात।
फिर क्या आँखें चार हों, नींद न आवे रात।।

मिल जाए भाग्य से, करे सदा संतोष।
दूर रहे आसक्ति से, करे न मन में रोष।।

बुद्धि और मन थिर करे, प्रेम पूर्ण हो भाव।
दृढ़ शक्ति संकल्प से, रखे न तनिक दुराव।।

मन में पीड़ा हो रही, करता किससे बात।
घायल पंक्षी की तरह, तड़पे सारी रात।।

व्रत मन के संकल्प का, उत्तम एक विधान।
अनुष्ठान से योग का, खुद का अनुसंधान।।

भक्ति हृदय का भाव है, मन का एक रुझान।
श्रद्धा अरु विश्वास का, साँझा अनुसंधान।।

व्रत

व्रत मानव के त्याग का, सहनशक्ति का माप।
धीरज संयम का पता, और जाप का बाप।।

व्रत से मानव खुद स्वयं, रहता सदा निरोग।
जो करता है संयमित, थोड़ा -थोड़ा योग।।

व्रत है श्रद्धा आस्था, और अमित विश्वास।
मन निग्रह :शोधक यही, व्रत त अंकुश है खास।।

सत्य सनातन के लिए, व्रत है एक विधान।
परम्परा का निर्वहन, देही का कल्यान।।

व्रत हो करवा चौथ का, या फिर तीजा दोज।
या निर्जल एकादशी, सब संतों की खोज।।

इंद्रिय का अंकुश यही, भावों का बलिदान।
व्रत के ही संकल्प से, सब होता नादान।।

जो जाना चाहो कभी, भव सागर से पार।
सेवा व्रत धारण करो, यही मुक्ति का द्वार।।

नव दुर्गा पर व्रत रखें, करें कठिन संकल्प।
इससे अच्छा शुद्धि का, कोई नहीं विकल्प।।

निर्जल व्रत करके रखें, करें ईश का ध्यान।
मौन रखें उस दिन सभी, कहते संत सुजान।।

चौमासे में संत जन, करते चातुर्मास।
व्रत लेकर करते भजन, संकल्पित हो खास।।

खिचड़ी

खिचड़ी खाते हैं सभी, बूढ़े बारे जुवान।
पाचन को करती सही, सबके लिए समान।।

जब मौसम की मार से, होते हैं बीमार।
खिचड़ी होती है सदा, सबसे स्वस्थ अहार।।

खिचड़ी खाते संतजन, देते शीत प्रसाद।
इसके खाने से कभी, रहता नहीं प्रमाद।।

खिचड़ी खाते हैं सभी, संक्रांती त्यौहार।
इसके खाने से सदा, कम होते बीमार।।

खिचड़ी बूढ़ों के लिए, रहती बढ़ी मुफीद।
चाहे दीवाली रहे, या फिर होबे ईद।।

खिचड़ी का लगता रहा, मंदिर में परसाद।।
खिचड़ी खाना चाहिए, खिचड़ी जिंदाबाद।।

डोरी पर माजा चढ़ा, खूब उढाव पतंग।
खिचड़ी मंदिर में चढ़ा, खूब करो सत्संग।।

चावल चढ़ते देव पर, मिलता शुभ वरदान।
मीठा चंदन फूल फल, तुलसी दूर्वा पान।।

नित्त नई खिचड़ी बने, मटके रखके सात।
मिलता है सौभाग्य से, जगन्नाथ का भात।।

गुड़-गुड़ करता पेट जब, पाचन हो कमजोर।
खिचड़ी बनती रात को, थम जाता है शोर।।

कलयुग के संत

जब साजिश रचने लगें, तथाकथित कुछ संत।
ज्ञान भक्ति वैराग्य का, वहीं समझना अंत।।

सच्चा सौदा आपका, ये सच्चा दरबार।
साजिश रचते नित नई, करते नहीं सुधार।।

सौ सवाल का एक हाल, रखिए थोड़ा मौन।
भजन बंदगी कीजिए, सत्य सुनेगा कौन।।

चोला हो वैराग्य का, चूँस रहे हों रक्त।
संतों से पीड़ित दिखे, सेवा भावी भक्त।।

गुरु की आज्ञा के बिना, मन हो जाते भृष्ट।
चाटु कारिता की नहीं, बात बड़ी स्पष्ट।।

जो रमता जोगी नहीं, बहे न पानी धार।
दोनों को चलता करें, सड़ने के आसार।।

काला पीला कर रहे, बोलें झूठ अनंत।
रमता जोगी जो नहीं, फिर काहे का संत।।

इन्हें प्रशिक्षण दीजिए, सीखें कुछ आचार।
इस रूखे व्यवहार से, जनता जाती हार।।

भजन बंदगी कीजिए, यही सभी का धर्म।
कथनी करनी एक हो, बनते तभी सुकर्म।।

गुरु की आज्ञा में नहीं, कर्म नहीं निष्काम।
लादा बोझ अनीत का, माया मिली न राम।।

जीवन सार

जीवन होता है सदा, जितना मुखर खिलाफ।
दर्पण में चहरा सदा, दिखता उतना साफ।।

जीवन कुछ दिन को मिला, खूब उड़ायें चंग।
अच्छा माजा चढ़ गया, उस दिन कटी पतंग।।

सेवा परहित के लिए, जीवन का उपयोग।
पहले करके देख लो, याद करेंगे लोग।।

बुद्धि जब माने नहीं, खुराफात की बात।
जीवन से मिट जाँयगे, फिर सारे संताप।।

चतुर दूसरों को ठगे, बन के बहुत महान।
जीवन में पाए नहीं, थोड़ा भी सम्मान।।

जितनी चादर आपकी, उतने फैलें पैर।
जीवन की गाड़ी चले, करो मजे से सैर।।

जीवन भर लड़ते रहे, जीते सारी जंग।
विकट परस्थितियाँ रहीं, फीका हुआ न रंग।।

दान वीर श्री कर्ण ने, किया स्वर्ण का दान।
जीवन भर सहते रहे, निंदा अरु अपमान।।

जीवन होता है सदा, जितना मुखर खिलाफ।
दर्पण में यह चेहरा, दिखता उतना साफ।।

पावन ही रखिए प्रणय, करिए खूब विचार।
जीवन भर निभते रहें, जुड़े रहें यह तार।।

जीवन धन

कभी वृद्ध की बात का, करें नहीं प्रतिकार।
उसकी सेवा से सदा, जीवन हो गुलजार।।

पावन ही रखिए प्रणय, करिए खूब विचार।
जीवन भर निभते रहें, जुड़े रहें यह तार।।

जीवन में संतुष्टि के, हैं सुंदर परिणाम।
जिनके मन संतोष है, उनको सुख आराम।।

जीवन में अपनाइए, विनम्रता की राह।
जीवन उपवन की करे, फिर माली परवाह।।

जल जीवन की डोर है, ज्यों स्वाँसें अविराम।
जल के बिन संसार में, सबका काम तमाम।।

दुम है पशुता जीव की, दम चेतन का तार।
दम के बिन निष्प्राण है, यह जीवन बेकार।।

जीवन एक पतंग है, हाथ ईश के डोर।
कर्मों का मंजा चढ़ा, फिरती चारों ओर।।

धरती माँ की गोद है, रत्नों का भंडार।
जल जीवन जंगल करें, हम सब पर उपकार।।

शस्य श्यामला यह धरा, सहती सबका भार।
जन्म मृत्यु जीवन यहीं, यहीं सभी व्यापार।।

धरती कहे पुकार के, वृक्ष हमारी जान।
जीवन में हर साल दे, एक वृक्ष का दान।।

जीवन राम

जल जीवन का प्राण है, वृक्ष यहाँ परिधान।
दोनों की रक्षा करो, कहते संत सुजान।।

रोटी जीवन की धुरी, बिन रोटी सब गोल।
रोटी से बनता सदा, जीवन का भूगोल।।

जीवन निकला प्रेम में, करके उनको याद।
और काम आए नहीं, बने रहे अपवाद।।

ऐसे भी अपवाद हैं, जीवन में कुछ लोग।
पड़े-पड़े खाते रहे, हुए हजारों रोग।।

शब्द ब्रह्म धारण किया, यह सारा संसार।
तत्व ज्ञान से जान ले, जीवन का आधार।।

बादल से वसुधा करे, अपनी आर्त पुकार।
जन-जीवन व्याकुल यहाँ, करते सभी गुहार।।

सुख-दुख जीवन चक्र है, माया के सब रोग।
हानि-लाभ सब द्वंद हैं, नदी नाव संयोग।।

यह जीवन का सार है, जो लेता है जान।
घट भीतर ब्रह्मांड की, कर लेता पहचान।।

दिव्य ज्ञान कहते इसे, हंस योग का सार।
गीता के इस भेद बिन, जीवन है बेकार।।

चक्की चलती वक्त की, पिसते हैं हम लोग।
जीवन बच सकता नहीं, करें नाम का योग।।

संघर्ष

जीवन में संघर्ष के, आते कई पढ़ाव।
अनुभव से हम सीखते, तब आता ठहराव।।

अनुभव अरु संघर्ष से, मिलते हमको भाव।
वाणी शैली सोच में, आता है ठहराव।।

भीष्म प्रतिज्ञा ली गई, हुआ विकट संघर्ष।
भले पितामह साथ थे, नहीं मिला उत्कर्ष।।

बनिए सच के सारथी, भले कठिन हो राह।
जीवन में संघर्ष की, कौन करे परवाह।।

जीवन में संघर्ष की, राह नहीं आसान।
कैसे घर चूल्हा जले, पूरे हों अरमान।।

प्रखर हुईं मन बुद्धि जब, किए बहुत संघर्ष।
आया सुख परिवार में, मन में छाया हर्ष।।

करता है संघर्ष जब, मिलता है आराम।
सुविधा पाकर जीव यह, करे न कोई काम।।

जीवन के संघर्ष में, बने रहें नादान।
सपनें हों साकार तो, दो उनको पहचान।।

जीवन में संघर्ष थे, घूमे देश विदेश।
अंत भला सो सब भला, गीता का उपदेश।।

देख लिया सब आचरण, किया बहुत आचार।
संघर्षों में साथ थे, उनका है आभार।।

व्यवहार

प्रेमिल हों संबंध सब, रखें उचित व्यवहार।
सामाजिक सहयोग ही, बने यहाँ आधार।।

शिष्ट मृदुल व्यवहार से, पोषित हों सब अंग।
आपस में भी प्यार हो, बढ़ती रहे उमंग।।

चंदन सा शीलत लगे, संतों का व्यवहार।
करे आदमी विष वमन, लिए सर्प अवतार।।

मँहगा होता जा रहा, सामाजिक व्यवहार।
आज प्रतिष्ठा बन गई, झूठा लोकाचार।।

सत्य सनातन पर खड़ा, दुनियाँ का व्यवहार।
माँ से सीखा है सभी, सेवा अरु सत्कार।।

क्षमा दया करुणा कृपा, मानवता का ज्ञान।
होती है व्यवहार की, माँ से है पहचान।।

अंत भला सो सब भला, यह शुभ सगुन विचार।
करिए अंतिम स्वाँस तक, सबसे सद् व्यवहार।।

करें प्रतिज्ञा आज ही, बदलें ये व्यवहार।
हम रोकेंगे देश में, फैला भ्रष्ट्राचार।।

दुर्जन से दूरी भली, बाहर का व्यवहार।
अपना भेद न खोलिये, भले करे वह प्यार।।

जीवन में संयम रखें, दिल से बनें उदार।
लोगों से सुंदर रखें, मधुर–मधुर व्यवहार।।

लेखन

हिंदी शब्दों को लिखें, जिनका विस्तृत रूप।
लेखन एसा कीजिए, कविता बने अनूप।।

लेखन ऐसा कीजिए, कालजयी हों आप।
दोहा की दो पंक्तियाँ, हर लेती संताप।।

सभी जगह सम्मान हो, कवि की दुनियाँ एक।
लेखन ऐसा हो सदा, जागे नित्य विवेक।।

छंद लिखें जो गेय हो, सबको आए रास।
लेखन ऐसा कीजिए, मानस तुलसी दास।।

अपने लेखन में रहे, मौलिकता की आन।
लेखन ऐसा कीजिए, जैसा छंद विधान।।

गुरुजन करते हैं कृपा, माँ देती है ज्ञान।
लेखन में तब भाव का, बनता सही विधान।।

शब्दों की जादूगरी, हो लेखन में जान।
सृजन शब्द विन्यास से, पाता है सम्मान।।

पाता है सम्मान वह, हो लेखन में धार।
श्रोता से मिलता उसे, प्यार भरा सत्कार।।

आग उगलती सी लगे, जब लेखन की धार।
शब्दों की बाज़ीगरी, कर दे दिल के पार।।

कविता लेखन और है, विधि संमत कुछ और।
नमन करो गुरुदेव को, दिया छंद का ठौर।।

शब्द

माँ शारद तुमको नमन, विद्या करें प्रदान।
शब्द भाव में रस भरें, साधक बनें महान।।

कवि मदारी शब्द का, कर शब्दों का खेल।
शब्दों के विन्यास को, लिखता रेलमपेल।।

शब्द-शब्द जब मखमली, लिख देता है छंद।
शब्दों की बाज़ीगरी, से मिलता आनंद।।

शब्दों को चुनते रहो, मिले शब्द की धार।
खून जलाकर रच रहा, कविता का संसार।।

शब्द पकड़ना सीख ले, रे मूरख नादान।
धीरे-धीरे छंद में, होगा चतुर सुजान।।

शब्दों में जादू भरा, शब्द हास परिहास।
दिल पर गहरे घाव दें, मन को करें उदास।।

कविता शब्दों का हुनर, जिसमें होता भान।
शब्द-शब्द जादू भरा, शब्द-शब्द में ज्ञान।।

इस पूरे आकाश में, तोतों के हैं ठाठ।
तोता पकड़े शब्द को, करे वेद का पाठ।।

शब्दों से करिए सदा, भावों का श्रृंगार।
शब्द कोष से देखिए, सुंदर भाव विचार।।

शब्द कोष से आप भी, चुनिए शब्द प्रसून।
कविता लिखिए वक्त की, घूमें फिर रंगून।।

प्रेम

आलिंगन प्रियतम करे, मिले सुखद अहसास।
प्रेमी जब छुपकर मिले, वह पल होता खास।।

आलिंगन शिशु का करे, मिले सुखद आनंद।
माँ को मिलता स्वर्ग सुख, फैला हो मकरंद।।

शिशु करता अठखेलियाँ, माँ करती है प्यार।
चुंबन लेकर माँ तभी, लेती नजर उतार।।

प्रेमी को जब खोजती, नजरें उसकी खास।
चुंबन लेती गाल पर, सिहरन का अहसास।।

दोनों की सहमति बने, रहे कुशल अरु क्षेम।
प्रणय निवेदन कीजिए, हो जब गहरा प्रेम।।

जिनको जीवन में मिला, प्रेम पत्र का दान।
उनका जीवन बन गया, सचमुच में वरदान।।

प्रेम सभी के भाग्य में, होता नहीं जनाब।
जिनको मिलती ये खुशी, वो है कोइ नबाब।।

प्राण वल्लभा से हुआ, पहला पत्राचार।
ख्वाबों में आने लगी, ऐसा चढ़ा खुमार।।

प्रेम पत्र कुछ दिन चला, घर आ गई दुकान।
सड़कों पर फिकने लगा, फिर घर का सामान।।

गुजरे जब कुछ और दिन, हो गइ सीताराम।
बच्चों की आमद हुई, जब आए परिणाम।।

योग

क्षमता नित्य बढ़ाइए, करिए प्राणायाम।
नित्य भस्त्रिका कीजिए, मिले ह्रदय आराम।।

हल्के फुल्के योग से, रहते लोग निरोग।
जीवन मैं इसका अगर, करें रोज उपयोग।।

जिस पर संयम की नहीं, थोड़ी बहुत लगाम।
योग रहित मन इंद्रियाँ, रहती सदा गुलाम।।

बुद्धि सही निश्चय करे, कहाँ मिले मन ठौर।
वह भी इस संसार में, करे योग पर गौर।।

भगवन का चिंतन नहीं, मन में नहीं उजास।
उसके सुख की कल्पना, जैसे चिंन्गी घास।।

मन निरोग रहता सदा, करिए प्रतिदिन योग।
कुछ दिन में ही दूर हों, तन से सारे रोग।।

कुछ आसन करिए यहाँ, करिए प्राणायाम।
इस तन से जाते रहें, मुश्किल रोग तमाम।।

बिना दवा सुख चाहते, करिए प्रतिदिन योग।
अंतर्मुख हो जाइए, छूट सकेंगे भोग।।

मन पर प्राणायाम का, होता बड़ा प्रभाव।
स्वारथ मय संसार के, भर जाते हैं घाव।

जो चाहो सुख देह को, करिए प्रतिदिन योग।
कुछ दिन के अभ्यास से, कट जाते भव रोग।।

प्रकृति

जन का हित करती प्रकृति, जल वायु अरु धूप।
धरती पर देखे सभी, कितने रूप अनूप।।

तू ही तो सूरज बना, चंदा अरु आकाश।
तेज अखिल ब्रह्मांड में, करता जगत प्रकाश।।

शाम सभी को चाहिए, एक रजाई आज।
कोट पेंट से भी नहीं, होते सारे काज।।

सोते-सोते खा गए, मूंगफली गुड़ आज।
ठंडों में इसका मजा, लेता रहा समाज।।

आपस में टकरा गए, मोटर गाड़ी कार।
बना मुसीबत कोहरा, घटना हुई हजार।।

दिखे सामने का नहीं, जाना है उस पार।
बना मुसीबत कोहरा, करना पढ़ा विचार।।

हुई बर्फबारी अभी, मौसम है बेकार।
बना मुसीबत कोहरा, जाना था घर यार।।

मावठ पाला घुंघ है, अब होगा हिमपात।
बना मुसीबत कोहरा, कैसे मिले निजात।।

मौसम का जो हाल है, उस पर करें विचार।
बना मुसीबत कोहरा, ठंडों मैं इस वार।।

नष्ट किया पर्यावरण, अब फिरता हल्कान।
आज बहुत बैचैन है, यह मूरख इंसान।।

पालनहार

तू ही तो है जगत में, अखिल विश्व की आस।
तेरे कारण है हमें, धरती पर विश्वास।।

कितनों ने पाया यहाँ, ईश्वर का दीदार।
दुनियाँ में सबसे अलग, अपना पालनहार।।

व्यापक है जैसे हवा, सब में एक समान।
सबको जीवन दे रही, पाले ज्यों संतान।।

तू हो तो है जीव का, और जगत का प्राण।
तुझसे मिलता है हमें, हर संकट में त्राण।।

तू ही तो है विश्व में, सबका पालनहार।
भरता सबके पेट को, करता है उपकार।।

बिना भाव करता नहीं, कोई भक्ति प्रदान।
बिना शांति आता नहीं, अपने घट भगवान।।

मानवता की राह पर, चलें सभी समवेत।
अंत भला सो सब भला, यही सुखद संकेत।।

अपने घट में जब कभी, दर्शन दें रघुवीर।
मिट जाएगी जन्म की, अंतर घट की पीर।।

अक्षत है यह चेतना, शाश्वत सत्य विधान।
सदा सदा से नित्य है, तू इसको पहिंचान।।

हम सबके आदर्श हैं, रघुवर अवध नरेश।
मिलती उनसे प्रेरणा, पाते हम उपदेश।।

मतलबी प्रेम

प्रेम दया करुणा नहीं, नहीं जीव का भान।
हिंसा करके खा रहा, कलयुग का इंसान।।

सुरनर मुनि सब ही करें, स्वारथ लागे प्रीत।
बिना स्वार्थ के प्रेम की, उत्तम हो परणीत।।

मतलब से पूँछैं कुशल, करते दुआ सलाम।
प्रेम कहाँ इंसानियत, मतलब की है राम।।

भाषा समझे प्रेम की, पशु पक्षी अरु फूल।
हिंसक प्राणी भी सभी, हो जाते अनुकूल।।

रिश्ता हो गर चाय से, फैलेगी फिर गंध।
बड़े प्रेम से कीजिये, बड़े-बड़े अनुबंध।।

प्रेम करो हर जीव से, प्रेम जगत का सार।
जिसके बंधन में बंधा, जग का पालनहार।।

मेरे ख्वाबों का महल, जिसमें हों सब लोग।
प्रेम प्यार सहकार का, करें सभी उपयोग।।

आपस के इस प्रेम में, सबका हो सम्मान।
कभी अधूरे मत रहें, हम सबके अरमान।।

सुख-दुख तो होते सदा, कुछ दिन के महमान।
प्रेम सहित बैठारिये, जो भेजे भगवान।।

प्रेम दया करुणा कृपा, क्षमा शील संतोष।
अंतर्मुख जब मन हुआ, फिर काहे का रोष।।

गाँव

शहरों से अच्छे सभी, होते सारे गाँव।
जहाँ प्रेम मिलता हमें, अरु बरगद की छाँव।।

घी भी देशी गाय का, मिलता सबको आज।
दूध दही अमरित लगें, रहता पुष्ट समाज।।

गाँव-गाँव में चाँदसी, गया प्रशासन हार।
जितने झोला छाप हैं, सब करते उपचार।।

खान-पान की वस्तुयें, खाने वाले आप।
बना रहे हर गांव में, कितने खोला छाप।।

टोला खोली या गली, गाँव मुहल्ला खास।
पता लिखा हो डाक पर, पहुँचेगी अरदास।।

टोला पाड़ा आपका, बस्ती नगरी गाँव।
पता डाकिए को सभी, पनघट पीपल छाँव।।

कभी गाँव के थे सभी, साहू कार अमीर।
समाधान देते रहे, लिखी जगत की पीर।।

साजिश कर्ता आज भी, नहीं चूकते दाँव।
काला पीला कर रहे, सरहद हो या गाँव।।

राही जब पथ पर चले, मिले पेड़ की छाँव।
शहर नगर सूने पड़े, अब हर्षित हैं गाँव।।

माँ है भगवत की कृपा, माँ ममता की छाँव।
माँ ममता की छाँव है, माँ पुरखों का गाँव।।

पुरखे

जिनके पुण्य प्रताप से, देखा यह संसार।
उन पितरों का हम सभी, करते हैं आभार।।

कच्चा भोजन जब बने, कढ़ी बरा अरु दाल।
रोटी चावल घी लगा, थोड़ा नित्य निमाल।।

ऋण रखना ही दोष है, जानो इसका मर्म।
ब्याज सहित देना पड़े, लेकर जन्म सुकर्म।।

भागीरथ ने तप किया, गंगा लई उतार।
सारे पुरखे तर गए, मिली स्वर्ग की धार।।

पुरखों के अस्तित्व से, देखी दुनियाँ आज।
उनके ही आशीष से, हमको मिला समाज।।

मात पिता का प्यार है, जीवन में अनमोल।
मिली हमें जो परवरिश, उसे हृदय में तोल।।

हमने आँका ही नहीं, इस जीवन का मोल।
पुरखों के आशीष से, हमें मिला यह चोल।।

हम बच्चे उँगलीं पकड़, चले आपके साथ।
दुनियाँ बेहद बड़ी थी, सर पर था इक हाथ।।

जीवन को अपने करें, बच्चों पर कुर्बान।
उनकी खुशयों पर करें, न्योछावर दिल जॉन।।

मात पिता का प्यार है, जीवन में अनमोल।
अब बच्चों का फर्ज है, बोलें मीठे बोल।।

पितर

पुरखों के तप त्याग पै, हमें नाज़ है आज।
उनकी करनी सें बनो, घर परवार समाज।।

जीते जी सेवा करो, जीते जी सुख देव।
पुरखों के आशीष को, गाँठ बाँध रख लेव।।

पुरखों के बलदान से, हो गय हम आज़ाद।
करते हैं शत-शत नमन, उनकी जिंदाबाद।।

पुरखों ने हमको दिया, ऐसा सभ्य समाज।
उनके पुण्य प्रताप से, देखा हमने आज।।

धर्म प्राण सब ही रहे, पुरखों के सत्कर्म।
उनसे ही हमको मिले, करुणा दया सुधर्म।।

ऊपर से वह देखते, सेवा से खुश होत।
मानवता सत्कर्म की, दिल में जलती जोत।।

हमको जो कुछ भी मिला, उसे विरासत जान।
पुरखों के आशीष को, देंगे हम सम्मान।।

मोटा पहना खा लिया,रही दूर की सोच।
देने में नामी रहे, लेने में संकोच।।

बाहर जाते शौच को, डोल डाल को दूर।
मल घर में रखने लगे, रोगी हैं मशहूर।।

पुरखों से हमको मिली, अब तक जा पहचान।
अच्छी करनी ही करो, दुनियाँ करे बखान।।

गाँव खेरा

शुद्ध हवा है आज भी, है पेड़ों की छाँव।
इसी धरोहर के लिए, सबसे अच्छे गाँव।।

सीदे सादे आदमी, है पुरखों की छाँव।
लोक रीत की धरोहर, परम्परा के गाँव।।

बड़े सुबह से प्रार्थना, जपें राम का नाम।
साईं की फेरी लगत, रोज शाम के शाम।।

राजनीत से गाँव का, खत्म हुआ सब मेल।
बहुत बुरा हम मानते, राजनीत का खेल।।

रावण का बध देखने, जुटे गाँव के गाँव।
हमें धरोहर से मिली, बनी रहे यह छाँव।।

इन्छा नौमी आँवला, परम्परा की बात।
तुलसी पर प्रतिदिन दिया, पीपल पूजो जात।।

गोबर कंडा पाथवें, रोज खेत में जात।
चारा काटें गाय को, फिर चूल्हा परचात।।

देवी मंदिर में गई, माँगी सबकी खैर।
प्रेम बहुत है आपसी, नहीं किसी से बैर।।

चौपर पर नित बैठते, पंचू माँगीलाल।
सभी अथाई पर जुड़े, सबके बाल गुपाल।।

बरीं कचइयाँ खीचला, पापड़ और अचार।
फुर्सत में कब बैठते, गाँवों के नर नार।।

मातृ शक्ति

दुनियाँ में भगवान है, माँ तेरा ही रूप।
माँ से बढ़कर कौन है, सुंदर दिव्य अनूप।।

माँ का पद सर्वोच्च है, माँ दुनियाँ का मान।
माँ से बढ़कर कौन है, दुनियाँ का भगवान।।

ममता की मूरत यही, माँ करुणा अवतार।
माँ से बढ़कर कौन है, अपना पालनहार।।

सबसे ऊंचा कौन है, इस पर जग है मौन।
इस पूरे ब्रह्मांड में, माँ से बढ़कर कौन।।

राम कृष्ण से को बढ़ा, माँ के आगे मौन।
खेले जिसकी गोद में, माँ से बढ़कर कौन।।

घर में नौकर सब लगे, भरे खूब भंडार।
सबसे बड़ा अमीर हैं, पाता माँ का प्यार।।

अविरल धारा दो मुझे, दो शब्दों का ज्ञान।
माँ तेरी इस कृपा का, में भी करूँ बखान।।

वो परचम लहरायगा, जिसको माँ की चाह।
माँ देगी सरगम उसे, अविरल अटल प्रवाह।।

पाप हरो मङ्गल करो, हरो सकल जग पीर।
माँ गङ्ग सबको मिले, अविरल पावन नीर।।

यमुना माँ देना शरण, ब्रज में हो जल पान।
अविरल धारा में करूँ, में पापी अस्नान।।

शब्द ब्रह्म

मन को सुमिरण में लगा, सुरति शब्द से जोड़।
व्यर्थ भटकना क्यों करे, जाना है सब छोड़।।

शब्द सुरति को जोड़ना, है साधक का काम।
अंतर में बैठे मिलें, जग आराधक राम।।

चित्त वृत्ति एकाग्र कर, छोड़ सभी अनुराग।
घट के अंदर शब्द है, जाग सके तो जाग।।

शब्द-शब्द जादू भरा, कवि लिखता है छंद।
शब्दों के विन्यास से, मिलता है आनंद।।

इंद्रिय चाहें बासना, शब्द रूप रस गंध।
मर जाते इस्पर्श से, विषयों के जो अंध।।

छंद साधना से बने, जटिल शब्द का हार।
शब्दों के मोती लगे, सदाचरण के तार।।

शब्द ब्रह्म का ज्ञान दो, हे गुरुवर दातार।
श्वास-श्वास सुमिरण करे, यह सारा संसार।।

नाभि कमल से उठ रहा, शब्द ब्रह्म का नाम।
ब्रह्म रंध्र तक जा रहा, चेतन है यह चाम।।

षट चक्रों को भेदकर, चढ़ता तीर कमान।
जग जाती है शुषुम्ना, कहते वेद पुरान।।

इस पूरे ब्रह्मांड में, शब्द ब्रह्म का नाद।
जिसने गुरु से पा लिया, हो जाता आबाद।।

प्रकृति संरक्षण

हिरणा कश्यपु का बढ़ा, धरती पर अतिचार।
खंबे से प्राकट्य था, श्री नृसिंह अवतार।।

वृक्ष कभी फल से लदे, झुक जाती है डाल।
धन पाकर के आप भी, करिए हमें निहाल।।

डाली-डाली दे रही, हमको यह संदेश।
फल लगते झुक जाइए, बना सरल सा वेश।।

जूही बेला खिल उठी, बिखरी दिव्य सुगंध।
फूलों ने फैला दिया, उपवन में मकरंद।।

ज्यों अरुणिम सूरज हुआ, लगे सुहानी भोर।
रूपवान लगने लगा, धरती का हर छोर।।

अरुणिम आभा से धरा, लगती दिव्य अनूप।
आँखों को भाने लगा, यहाँ प्रकृति का रूप।।

रजनी ने बिखरा दिए, मोती यहाँ अनेक।
भोर हुआ रवि ने चुने, सभी एक से एक।।

रवि ने भेजीं रश्मियाँ, धरा हुई खुशहाल।
प्रकृति स्वर्ण सी हो गई, लगती मालामाल।।

ऋतु परिवर्तन हो रहा, यही संक्रमण काल।
फैलाती है ऋतु अभी, बीमारी का जाल।।

नित्य सुहानी ऋतु रहे, बिखरे नित्य बसंत।
भौंरे जब गुंजन करें, निखरें रंग अनंत।।

आरक्षण का दंश

प्रतिभायें लाचार हैं, कैसे हो व्यापार।
आरक्षण पर मौन हैं, भारत की सरकार।।

है ज्वलंत मुद्दा यहाँ, आरक्षण का आज।
टूट रहा अन्याय से, प्रतिभावान समाज।।

जाति यहाँ आधार है, यह ज्वलंत अपवाद।
अगड़ा पिछड़ा में बँटे, यही बना अवसाद।।

पढ़े लिखे बच्चे सभी, होते हैं हल्कान।
रिक्त पदों पर कीजिए, भर्ती अब श्री मान।।

रिक्त पड़े जो पद यहाँ, उनको भरिए आप।
रोजगार सबको मिले, मिटे आज संताप।।

भेदभाव क्यों कर रहे, हम लोगों से आप।
करना होगा आपको, इक दिन पश्चाताप।।

जाती में मत बाँटिये, आप हमें सरकार।
केवल उसको दीजिये, जिनको है दरकार।।

सीना ताने जो खड़ा, देता है बलिदान।
उसको आरक्षण मिले, हो उसका सम्मान।।

आरक्षण दें देश के, उस सैनिक को आज।
जो मिटता है देश पर, जिस पर सबको नाज़।।

आरक्षण उनको मिले, जो अक्षम लाचार।
उनका भी बस जायगा, छोटा घर संसार।।

आरक्षण काला कानून

आरक्षण दिव्यांग को, जिनमें शक्ति अपार।
पर कुदरत ने कर दिया, उसको यूँ लाचार।।

करें विश्व में रोशनी, तमगों का आगाज़।
आरक्षण उनको मिले, जिन पर सबको नाज़।।

जो गौरव इतिहास रच, करें देश का नाम।
उनको आरक्षण मिले, ये शासन का काम।।

आरक्षण पाकर बढ़े, गढ़े स्वयं इतिहास।
उस बेटी को दीजिए, जो है सबसे खास।।

उनको आरक्षण मिले, जिनसे घर संसार।
जो समाज की बेटियां, वो असली हकदार।।

आरक्षण उसको मिले, जो भी अब्बल आय।
प्रतिभा घुट कर जी रही, वह विदेश को जाय।।

आरक्षण उनके लिये, जो करते नइ खोज।
जिनके कारण देश के, हर चहरे पर ओज।।

अन्न उगाते देश को, कर घाटे का काम।
आरक्षण उनके लिए, जो हैं कृषक तमाम।।

जाती में ना बॉटिए, आरक्षण को आप।
पछ्ताओगे एक दिन, भोगोगे अभिशाप।।

मानव-मानव एक है, तो क्यूँ जात कुजात।
आरक्षण इंसान पर, बड़ा कुठारा घात।।

आरक्षण नासूर

आरक्षण की आड़ में, चोर मचाते शोर।
नेता अफसर माफ़िया, और मुनाफाखोर।।

था दस वर्षों के लिए, वैधानिक अनुबंध।
वह आरक्षण सड़ गया, फैल रही है गंध।।

ये कलंक है देश का, जिस पर सभी सवार।
आरक्षण को वोट का, बना लिया हथियार।।

जो असली हकदार हैं, वे अब भी कंगाल।
आरक्षण का कर चुके, बेजॉ इस्तेमाल।।

हर इक जाती वर्ग में, कुछ हैं अति कमजोर।
आरक्षण से दीजिए, उन पर पूरा जोर।।

आरक्षण पर सोचिए, चिंतन करिये आज।
इससे विघटित हो रहा, घर परिवार समाज।।

एक बार इस पर जरा, सभी विचारें आप।
कहीं किसी को आज भी, बन जाता अभिशाप।।

यह कैसा कानून है, करता है मत भेद।
जिस थाली में खा रहे, किए उसी में छेद।।

समता के अधिकार पर, कर लो आज विचार।
पिछड़ रहे रण बाँकुरे, करते हैं धिक्कार।।

बेटी को आगे करो, आरक्षण दो आज।
वह भारत निर्माण कर, देगी सभ्य समाज।।

विजया दशमी

सदा विजय है धर्म की, अरु अधर्म का ह्रास।
जिसके पल्ले धर्म है, उसके प्रभु हैं पास।।

ये लड़ाइ है सत्य की, विजय सत्य की खास।
यहाँ अधर्मी का हुआ, सदा सर्वदा नास।।

विजया दशमी पर्व पर, करें अहं का त्याग।
इन्द्रिय पर काबू करें, छोड़ें मन के राग।।

दशकंधर दश इन्द्रियाँ, मन रावण का बाप।
सूर्पणखा बुध्दि बहिन, राम स्वयं हैं आप।।

एक सत्य हो पास में, विजय उसी के पास।
विजया दशमी पर करें, राम नाम का जाप।।

विजया दशमी पर जले, रावण का प्रतिरूप।
आतातांई देख के, लगता बड़ा कुरूप।।

नारी को छलना बुरा, समझ गया लंकेश।
विजय सत्य की ही हुई, यही मिला संदेश।।

मछ्ली का दर्शन करो, शुभ से करिए भोर।
नीलकंठ को खोजने, जाते चारों ओर।।

पान खिलाने का चलन, यह है रीति रिवाज़।
दुश्मन भी मिलता गले, देकर के आवाज़।।

नौ दिन के व्रत खोल के, जाते मंदिर आप।
करें विसर्जन शक्ति का, मिट जाते संताप।।

ठंड

शीत लहर चलने लगी, दिन पर हुआ प्रभाव।
हिम तुषार को देखकर, जलने लगे अलाव।।

दिन सहमा सहमा लगे, शीत लहर है तेज।
हुई बर्फबारी बहुत, खबर सनसनी खेज।।

ठिठुरन बढ़ गइ आज से, हुआ शहर में शोर।
कुहरे के कारण लगे, सबको दिन में भोर।।

चाय बहुत अच्छी लगे, बैठे ओढ़े शाल।
गजक ठंड का चेवढ़ा, है ना बढ़ा कमाल।।

संकट में सारे मनुज, इतना तेज प्रभाव।
शीत लहर को देखकर, जलने लगे अलाव।।

दिन लगता है रात सा, सूरज है निष्तेज।
तब अलाव की आग भी, हुई सनसनी खेज।।

बर्फीली चलती हवा, लोग हुए हल्कान।
आज रजाई ओढ़ते, फिर भी हैं हैरान।।

विकट ठंड लगने लगी, किया न जाए योग।
ओढ़ रजाई बैठते, आग जलाकर लोग।।

मावठ गिरती देखकर, होता दुखी किसान।
फसलें सारी बिछ गई, जनता है हल्कान।।

आज सूर्य के तेज से, मिली प्रकृति को जान।
ज्यों स्वासों से जीव की, होती है पहचान।।

विपत्ती

शब्दों में कैसा असर, कैसा इनका ज्ञान।
इसी विपत्ती में मुझे, मिलते हैं विद्वान।।

देख विपत्ती की घड़ी, रहना धीर जवान।
हर संकट में देखता, तुमको वह भगवान।।

सदा विपत्ती में मुझे, रही तुम्हारी याद।
कुंती ने दुख के लिए, डाली थी फरियाद।।

किसे विपत्ती ने चुना, किसे मिली थी हार।
कौरव पाँडव देख लो, या इनके किरदार।।

संकट विपदा आपदा, उलझन कहते आप।
उसे विपत्ती हम कहें, जो देती संताप।।

आज विपत्ती है यही, रोजगार दें आप।
वरना होगा वाद में, तुमको पश्चाताप।।

कहीं विपत्ती है नहीं, करो इष्ट का ध्यान
संकट को सब टालते, पवन पुत्र हनुमान।।

सुख-दुख यश अपयश सभी, उसके भेजे दूत।
पाते हैं नर स्वर्ग सुख, कर्मों की करतूत।।

आते जाते ही रहें, सुख-दुख हैं महमान।
इनको आसन दीजिए, पूजित देव समान।।

हमको भी मिल जायगी, इनसे कभी निजात।
सुख-दुख हैं महमान तो, डरने की क्या बात।।

दुर्जन

इनका साथ न कीजिये, ये हैं जहर समान।
दुर्जन से दूरी भली, कहते संत सुजान।।

दुर्जन से दूरी भली, कभी न करिये साथ।
इनका सँग कर दे दुखी, भले मिले हों हाथ।।

छेद उसी में करेंगे, जिस पातर में खात।
दुर्जन से दूरी भली, करें कुठारा घात।।

कभी बोलना भी पड़े, लाठी रखिये पास।
दुर्जन से दूरी भली, करिये मत विश्वास।।

कोइ चले सिद्धांत पर, कोइ करे अपघात।
अपनी-अपनी सोच है, अपनी-अपनी बात।।

अपनी-अपनी सोच है, अपने-अपने ढंग।
अपने-अपने राग हैं, अपने-अपने रंग।।

कोई इस संसार में, करता पापाचार।
अपनी-अपनी सोच है, अपना है किरदार।।

कोइ लगाता पेड़ को, कोइ काटता आज।
अपनी-अपनी सोच है, अपने-अपने राज।।

सारा खेल विचार का, जो चिंतन का काम।
अपनी-अपनी सोच के, होते हैं परिणाम।।

दुष्ट संग मत कीजिए, उसे मानिए काल।
दुर्जन से दूरी भली, सब के सब बेहाल।।

मोबाइल

मोबाइल की क्रांति से, तेज हुआ संचार।
अब मुट्ठी में आ गया, यह सारा संसार।।

मोबाइल ने कर दिए, बच्चे सभी जवान।
देखें सब अश्लीलता, दुनियाँ से अंजान।।

मोबाइल में व्यस्त है, यह सारा संसार।
अब इससे चलने लगे, सारे कारोबार।।

मोबाइल की क्रांति से, तेज हुआ संचार।
अब मुट्ठी में आ गया, यह सारा संसार।।

सब अपने में व्यस्त हैं, दुनियाँ के किरदार।
इस आशय से है बुरा, दूर भाष बेतार।।

इसमें केवल सुख नहीं, उलझन बड़ी तमाम।
मोबाइल ने दे दिया, सब हाथों को काम।।

जिन हाथों को काम है, उनको है वरदान।
मोबाइल बेकाम को, बन जाता दरबान।।

घर के काम न आ सके, कुछ-कुछ मूर्ख युवान।
युवा वर्ग में प्रिय हुआ, जब से यह नादान।।

रोजगार मिलता नहीं, नहीं किसी का ध्यान।
मोबाइल के खर्च से, पिता हुआ हैरान।।

एक कान पर यूँ लगा, जैसे हो यह योग।
जनता को जबसे लगा, मोबाइल का रोग।।

गुरुकृपा

गुरू कृपा से कीजिए, जग के सारे काम।
निज चरणों की रज मिले, मन पाए विश्राम।।

काम क्रोध मद लोभ हैं, जीवन के रिपु चार।
जो इनमें उलझा रहा, उसका सब बेकार।।

जहाँ दिव्यता रूप की, चरणों का मकरंद।
कनक भवन में लीजिए, जीवन का आनंद।।

मन मलीन तन स्वर्ण सा, अंतस ढेरों चाह।
कनक कलश में विष भरा, कैसे हो निर्वाह।।

राजा रंक फकीर की, चाबी उसके हाथ।
न्याय कीजिए सत्य का, सदा मिलेगा साथ।।

हार गया संसार से, गया राम के धाम।
दीन हीन वंचित सरल, निर्बल के बल राम।।

नहीं बचे राजा अभी, अब आया गणतंत्र।
लोकतंत्र में आपके, विदा हुए सब मंत्र।।

मन वैरागी हो गया, मिला सही उपचार।
हार गया संसार से, खुले हृदय के द्वार।।

कर्मों के अनुसार ही, जीवन के सब भोग।
ईश भजन ही सारथी, नदी नाव संयोग।।

गुरु चरणों में कीजिये, वंदन सौ सौ बार।
अंतर के पट खोलकर, वही करेंगे पार।।

नकली गुरु

गुरु जी बैठे जेल में, चेले कई फरार।
अनुयायी करते अभी, उनका खूब प्रचार।।

अनुयायी हिंसा करें, गुरु करते व्यापार।
कलयुग का देखो असर, चेले करें प्रचार।।

नकली गुरु संसार में, खुद करते गुणगान।
आत्म श्लाघा यूँ करें, जैसे हों सुल्तान।।

लोग करें उनको नमन, करते खूब प्रचार।
कलयुग के गुरु भ्रष्ट हैं, करते नहीं सुधार।।

धागा दें किस रंग का, झाड़ फूंक का काम।
दूषित है वातावरण, मुख से कहते राम।।

मात पिता को मत करो, तुम भी नमन प्रणाम।
कहते हैं नकली गुरु, बाकी सीता राम।।

चटनी डालो अब हरी, खाव समोसा ओट।
बटुआ में आते रहें, हरे-हरे फिर नोट।।

कुछ कबीर के अवतरण, कुछ माँ के अवतार।
जनता शिक्षित है नहीं, भरे पड़े दरबार।।

मात पिता माने नहीं, भाई से है बैर।
गुरु के कहने पर चलें, फिर किसकी है खैर।।

नक्कालों से दूर हों, घर में करें सुधार।
उन्हें ब्रह्म दिखता नहीं, मारो जूते चार।।

अमृत

है पियूष सबके हृदय, नहीं खेचरी ज्ञान।
संसारी चाहे विषय, पीवें संत सुजान।।

अमरित का औंधा कुआँ, और ब्रम्ह का नाद।
पारस मणि खुद नाम है, सद्गुरु से तू जान।।

आबे ज़मज़म पी गए, सारे संत फकीर।
जिन्हें खेचरी ज्ञान था, उन्हें पता तासीर।।

जब पियूष के नाम पर, भरते चारों कुम्भ।
तब पियूष के ज्ञान पर, चुप क्यों शुंभ निशुंभ।।

लख चौरासी योनियाँ, मानव उनमें एक।
कुदरत ने उसको दिए, विद्या विनय विवेक।।

सदगुण को धारण किये, बन जाता इंसान।
विद्या विनय विवेक है, मानव की पहचान।।

गगन बीच उल्टा कुँआ, झरती अमृत बूँद।
साधक करता खेचरी, अपनी आँखें मूँद।।

जब अनंत आकाश में, झरती अमृत बूँद।
साधक पीता है उसे, अपनी आँखें मूँद।।

बूँद-बूँद चढ़ती सदा, शिव पर अमृत धार।
उसे खेचरी कह दिया, साधक का आधार।।

माँ की ममता की तरह, करती रक्षा आप।
साधक की फिर साधना, चलता हरदम जाप।।

सत्ता

कलयुग भी शरमा गया, देख मनुज के ढंग।
मानव दानव बन गया, पल-पल बदले रंग।।

पल-पल बदले रंग के, देख नजारे आज।
जो घोटाले कर रहे, उन्हें सियासी ताज।।

राजनीति में देखिए, सत्ता के सरदार।
घोटालों के देवता, गद्दी के गद्दार।।

राजनीति बदनाम है, नेता करते खोट।
सत्ता में अनपढ़ करें, बड़े बड़ों पर चोट।।

सत्ता के सब लालची, मतलब के सब यार।
दाव पड़े चूकें नहीं, गद्दी के गद्दार।।

देश बेच दें आपका, करके झूठे काम।
सत्ता कुर्सी चाहिए, और मुफ्त के दाम।।

समाधान कैसे मिले, हैं प्रबुद्ध जन मौन।
देश चलाने के लिए, आगे आए कौन।।

जनसंख्या वरदान है, मिले हाथ को काम।
करे देश भी विश्व में, अपना ऊंचा नाम।।

जनसंख्या विस्फोट में, संयम से लें काम।
तभी मिलेगा देश को, थोड़ा सा आराम।।

अब चुनाव चौसर बिछी, हैं प्रबुद्ध जन मौन।
कोइ नहीं बतला रहा, अगला दूल्हा कौन।।

वसुधा

अब वसुधा हर्षित हुई, ओढ़ चुनरिया पीत।
प्रखर हुईं हैं रश्मियाँ, विगत हो गई शीत।।

बादल से वसुधा करे, अपनी आर्त पुकार।
जन-जीवन व्याकुल यहाँ, करते सभी गुहार।।

जो करते हैं रात को, वसुधा का यशगान।
सभी सितारों को चमक, देता है दिनमान।।

माँ का चुम्बन याद है, माँ का लोरी गीत।
धरती की भगवान माँ, जीवन का संगीत।।

राष्ट्र प्रेम का ज्वार था, साहस का प्रतिमान।
धरती अम्बर चंद्रमा, साक्षी है दिनमान।।

वैशाखी पर दे दिया, धरती ने उपहार।
नए साल पर कृषक ने, चुकता किया उधार।।

शीत लहर को देखकर, सूरज हुआ उदास।
नहीं जा सका आज वह,धरती माँ के पास।।

धरती पर छाया रहा, अंधकार अभिमान।
किया उजाला आपने, हे दिनकर भगवान।।

औषधि से संयुक्त है, अमरित जैसा सार।
स्वर्गलोक का आँवला, धरती पर निस्तार।।

करुणा कर रक्षा करो, बहुत हुआ है ताप।
धरती धू-धू कर जले, देख रहे हैं आप।।

उद्यान

आँखों को सुंदर लगें, हरे भरे उद्यान।
यश फैले मंदिर बने, आगे हो दालान।।

वृक्ष लदे हों फलों से, लगता आलीशान।
आकर्षक हो रोशनी, अनुपम लगे मकान।।

दीप कतारें सज गईं, झिलमिल हुआ वितान।
आतिश बाजी हो रही, मुख पर है मुस्कान।।

उपवन में चिड़ियाँ उठीं, करतीं कलरव गान।
लेकर कोमल रश्मियाँ, उगे सूर्य भगवान।।

आँखों को सुंदर लगें, हरे भरे उद्यान।
यश फैले मंदिर बने, आगे हो दालान।।

वृक्ष लदे हों फलों से, तो लगता त्यौहार।
आकर्षक हो रोशनी, अनुपम लगे मकान।।

नजरों को सुंदर लगे, हरे भरे उद्यान।
अनुपम लगते विश्व में, सभी चाय बागान।।

वृक्ष लदे हों फलों से, या गमलों में फूल।
आकर्षित करते हमें, ऐसे सभी मकान।।

आकर्षित करते हमें, आज सभी उद्यान।
वृक्ष काटते जा रहे, ये मूरख नादान।।

बाग बगीचे में कभी, बैठो कुछ पल शांत।
चहल पहल अच्छी लगे, या बिलकुल एकांत।।

हार

हार बुरी होती नहीं, देती सीख महान।
कहाँ हुई हमसे कमी, उसे समझ नादान।।

हार मिले होंना नहीं, दिल से कभी उदास।
ये अनुभव है हार का, जो होता है खास।।

एडीशन तो हुआ था, असफल कितनी बार।
किंतु कभी मानी नहीं, उसने अपनी हार।।

कभी आपने सुना है, लिंकन जी का नाम।
पग-पग पर हारे सभी, उनको मिला मुकाम।।

बिन हारे मिलता नहीं, कभी जीत का स्वाद।
जो जितना हारा हुआ, वह उतना आबाद।।

सुख के हैं साथी सभी, दुख में दे जो साथ।
हारे का हरि नाम है, कोई नहीं अनाथ।।

हार हमें देती सदा, अवसर नित्य अनेक।
जिस कारण असफल हुए, कारण खोजें एक।।

रही प्रयासों में कमी, तभी मिली यह हार।
इसको सबके बीच में, कर लेना स्वीकार।।

मन से मत हारें कभी, आग जलाएँ आप।
धीरे-धीरे पूर्ण हो, मन का पश्चाताप।।

हार मिले या जीत हो, रखें सदा मन शांत।
अपने अंदर सोचिए, पकड़ कहीं एकान्त।।

सरकार

जो करते परिवार का, दिन प्रतिदिन विस्तार।
ऐसे भी परिवार हैं, जो खुद हैं सरकार।।

भारत के हित में चुनो, आप नई सरकार।
जिसके प्रिय रघुवर नहीं, चाटुकार मक्कार।।

घोटालों के देवता, जो रहजन बटमार।
उनको जगह दिखायगी, ये जनता दरबार।।

झूठों के गुट बन गए, नहीं एक दमदार।
जिनके हाथों सौंप दू,भारत की सरकार।।

एक वोट कश्मीर को, जिसकी थी दरकार।
जनता का वो बन गया, अब के खेवन हार।।

सुविधा दी सरकार ने, करके सभी विकास।
राशन पैसा मुफ्त में, रहने को आवास।।

दृष्टि कोण को बदलिए, लीजे सबको साथ।
यही एकता सूत्र है, मिलें सभी के हाथ।।

चोर माफिया बन रहे, क्यों अब नेता आज।
क्यों चुनाव आयोग है, क्यों है आज समाज।।

घोटाले करते रहे, जब उनका था राज।
अभी जेल में सड़ रहे, बता रहे सब आज।।

जिसके शासन काल में, दर्ज हुआ हो केश।
उसे कभी मत सौंपिये, अपना पावन देश।।

चुम्बन

माँ चूमें जब लाल को, ममता से लवरेज।
चुम्बन लेना गाल का, बने सनसनीखेज।।

युवती ले ले गर कहीं, चुम्बन बने विवाद।
कितनी लाली हो गईं, चुम्बन से आबाद।।

चुम्बन प्रेम प्रतीक है, चुम्बन है फल एक।
जिसने पाया तृप्त हो, भूला ज्ञान विवेक।।

चुम्बन लो राजी खुशी, हों दोनों तैयार।
वंश बेल का मंत्र है, प्रकृति पुरुष का प्यार।।

माँ के चुम्बन का रहा, प्यार भरा अहसास।
उसका दिन मंगल बना, जीवन सबसे खास।।

माँ का कर्ज उतारने, करिए सेवा आप।
माँ बृद्धाश्रम में गई, फिर जीवन अभिशाप।।

फूटे अंकुर प्यार का, हों जब आँखें चार।
फिर अच्छा लगता नहीं, ये सारा संसार।।

बीज समर्पण ना करे, ना होबे गलतान।
तब अंकुर फूटे नहीं, पड़ा रहे बेज़ान।।

चुम्बन पर अक्सर यहाँ, होते कई विवाद।
राजी जब दोनों रहें, तब दुनियाँ आबाद।।

प्रेम और विश्वास है, इस जीवन की नीव।
बिना प्रेम कुछ भी नहीं, लगता बड़ा अजीव।।

रिश्ते

चक्र व्यूह को तोड़ने, निकला था बलवान।
गर्भकाल अभिमन्यु को, चक्रव्यूह का ज्ञान।।

उसको चाचा आदि ने, लिया निहत्था घेर।
हत्या कर अभिमन्यु की, किया शेर को ढेर।।

मामा ही अभिशप्त है, शकुनि कहो या कंस।
या मामा मारीच हों, सभी किए विध्वंस।।

मामा है माँ से बड़ा, करता सभी सँभार।
उसका दर्जा आज भी, पाता है सत्कार।।

कुंती ने दुख माँग के, दिया एक उपदेश।
कष्टों में आती रहे, याद हमें ऋषिकेश।।

कुंती ने जब कर्ण से, कह दी ऐसी बात।
पांच पुत्र जिंदा रहे, लगा कर्ण को घात।।

सुख के इस संसार का, प्रेम रहा आधार।
सबसे सामंजस्य कर, तब चलता परिवार।।

मात यशोदा दौड़ती, बाल कृष्ण के साथ।
कान्हा की अठखेलियाँ, पकड़ न पाती हाथ।।

खड़े कंस के द्वार पर, कृष्ण और बलराम।
मामा तेरे कृत्य का, होगा काम तमाम।।

कृष्ण और बलराम हैं, जगन्नाथ भगवान।
बहन सुभद्रा साथ में, देती हैं वरदान।।

मानव

मानव में संतुष्टि का, बनता भाव विचार।
तब आती है जीव में, श्रद्धा मन के द्वार।।

तृष्णा अरु संतुष्टि में, बहुत बड़ा है भेद।
तृष्णा से संग्रह करें, उन्हें नहीं है खेद।।

सुखी सरल जीवन बने, संयम का आधार।
जितनी चादर पास हो, उतने पाँव पसार।।

मानव की अवधारणा, गुण हों अपने पास।
जीवन में संयम नियम, होते कितने खास।।

आवारा मन सोचता, रहें सदा स्वच्छंद।
भौंरों जैसा लूट लें, फूलों का मकरंद।।

मन बंजारा सोचता, उड़ जाए आकाश।
मिले उसे स्वच्छंदता, जा पहुँचे कैलाश।।

जो उद्यम में साथ दे, उसको जानो खास।
स्वारथ का संसार है, झूठी जग की आस।।

साँझे में करना नहीं, उद्यम कारोबार।
इससे अच्छा है वही, जिसमें नहीं उधार।।

जीवन में गर चाहते, थोड़े से भी ठाठ।
कर लेना संक्षिप्त में, उस पल पूजा पाठ।।

बातें हों संक्षिप्त में, व्यर्थ नहीं बकवास।
थोड़े में समझो अधिक, बोलो केवल खास।।

सुकन्या

जिस घर में होता नहीं, बेटी का गुणगान।
वहाँ रूठ जाते सभी, देव मनुज भगवान।।

कई काल कल्वित हुई, दे नन्हीं सी जान।
सास बहू में आज भी, होती खींचातान।।

बिलख- बिलख करती रही, सबसे करुण पुकार।
मत मारो मुझको यहाँ, मैं माँ का अवतार।।

बेटी बनकर मैं रखूं, दोंनों कुल की शान।
जननी बनकर के तुम्हें, दूंगी कुछ संतान।।

सुख बनकर के सभी, सदा रखूँगी मान।
बहिना बनकर करूंगी,राखी का सम्मान।।

मैं दूंगी परिवार का, मरते दम तक साथ।
अर्थी निकलेगी यहीं, लगे सभी का हाथ।।

तुझे दया आई नहीं, रे मूरख नादान।
बेटी मारी कोख में, बना मनुज शैतान।।

लाखों बेटी कोख में, करती रहीं गुहार।
जिंदा रहने दीजिए, हे मेरे करतार।।

मानव मन जब भी बना, जीवन में शैतान।
बेटी मारी कोख में, नहीं हुआ हैरान।।

नींद तुम्हें कैसे लगी, उसे कोख में मार।
बेटी है अनमोल धन, कब समझोगे यार।।

परिवार

जब से एकाकी हुए, भारत में परिवार।
तब से दूरी बढ़ गई, रहा न उनमें प्यार।।

बदल गया संसार का, सामाजिक व्यवहार।
एकाकीपन से अभी, जूझ रहे परिवार।।

मुश्किल आती ही नहीं, हो आपस में प्यार।
विद्या विनय विवेक से, चलते जो परिवार।।

मर्यादा परिवार की, रखती जब संतान।
अनुमोदन उनका करें, सुंदर करें विधान।।

खुशियाँ घर में आ गई, खुश है घर परिवार।
बनी मिठाई रस भरी, छक कर खाई यार।।

बनी मिठाई रात भर, बटे खूब उपहार।
किलकारी के गूंज से, खुश है सब परिवार।।

जब एकल परिवार का, सबने रचा विधान।
धीरे-धीरे हो रहा, रिश्तों का अवसान।।

चुगली निंदा में सभी, व्यर्थ लगे हो यार।
इस रस के आनंद से, टूट रहे परिवार।।

हरा भरा परिवार हो, कुनबा हो एकत्र।
बेटा-बेटी हों सभी, माता-पिता कलत्र।।

बसुधा सारी एक है, कुनबा यह संसार।
एक स्वाँस सबके जुड़े, अंदर के यह तार।।

रंग

दुनियाँ भर में रंग का, फैला कारोबार।
रंगों में चाहत बसी, रंगों में संसार।।

रंगों की दुनियाँ अलग, सब कुदरत के रंग।
मन भावन लगते हमें, हों कुदरत के संग।।

पशु पक्षी कीड़े विविध, रंगों के पर्याय।
हरियाली फल फूल के, हैं कितने अध्याय।।

सात रँगों का रेनबो, इन्द्रधनुष के रंग।
दिख जाते बरसात में, मिले धूप का संग।।

कपड़ों के बाज़ार में, रंगों की पहचान।
सतरंगी मिल जायगें, कितने ही परिधान।।

सतरंगी चूनर बनी, फूली सरसों खेत।
रंगों के त्यौहार में, रहता सबका हेत।।

पत्तों में देखो अगर, बीस तरह के रंग।
फूलों में मिल जाँयगे, रंगों के सतरंग।।

रंगों के भी अर्थ हैं, रंगों का विज्ञान।
रंगों के संकेत हैं, रंगों की पहचान।।

रंगों में उलझें हुए, हैं दुनियाँ के लोग।
रंगों की दुनियाँ अलग, रंगों का उपयोग।।

भवनों बस्त्रों गाड़ियों, में रँग का उपयोग।
जाने कितने काम में, करते लोग प्रयोग।।

अलिक

करते हैं दिनरात जो, एक दिशा में काम।
सपने हो साकार जब, कभी नहीं आराम।।

वह पाते हैं शिखर को, सपने हों साकार।
जो मेहनत करते यहाँ, गढ़ते हैं आकार।।

बिना लगन के कुछ नहीं, करना है अभ्यास।
सपनों को मिलता नहीं, वो ऊँचा आकास।।

अलिक चूमता है शिखर, हो जिसका संकल्प।
आगे पीछे कुछ नहीं, केवल लक्ष्य विकल्प।।

अलिक बता देता सभी, कितनी गहरी सोच।
कितना पानी धार में, कितना है संकोच।।

रेखा देखी भाग्य की, कर ली सब पहिंचान।
पात्र समझकर कर दिया,अपना सब कुछ दान।।

मानव का देखा अलिक, किया तिलक सत्कार।
आसन पर बैठा दिया, डाल गले में हार।।

भोले का देखो अलिक, जिस पर रेखा तीन।
तीन लोक नव खंड में, उनसा नहीं प्रवीण।।

कलि के मल से हैं ग्रसित, सहें अनेकों पीर।
हे लम्बोदर तोड़िए, विघ्नों की जंजीर।।

आप गुणों की खान हैं, दें हमको उपदेश।
शुभ मङ्गल सबका करो, हे गणपति सर्वेश।।

कवि

कवि समाज में देखता, उर अंतर की पीर।
समाधान लिखता सदा, होकर बहुत अधीर।।

जबसे जाना वर्ण का, गुरु से छंद विधान।
धीरे-धीरे हो रहा, कविताई का ज्ञान।।

पिंगल का हमको नहीं, थोड़ा सा भी ज्ञान।
धीरे- धीरे हो रही, शब्दों की पहचान।।

कवि शब्दों का देवता, कर शब्दों का खेल।
शब्दों की बाजीगरी, करता रेलम पेल।।

सूरदास ने कृष्ण का, खूब किया गुण गान।
आँखों वाला भी नहीं, ऐसा करे बखान।।

कालिदास विद्योत्तमा, में जब हुआ विवाह।
निरे मूर्ख ने ज्ञान में, किया तभी अवगाह।।

कालिदास शाकुंतलम, मेघदूत लिख आप।
तभी महाकवि बन गए, मिटा हृदय संताप।।

कलम निरंतर जब चली, शर्त लगाई खास।
सब कुछ लिखें गणेश जी, बोलें वेदव्यास।।

वेद पुराणों को लिखा, लिखे अनेकों ग्रंथ।
रचना वेदव्यास की, मिला सभी को पंथ।।

होती रहती मंच पर, कभी जीत या हार।
अबके कवि खद्योत से, करते हैं उजियार।।

किसान

ओले गिरे किसान की, फसल हुई बेकार।
हुई खेत की दुर्दशा, लदा कर्ज का भार।।

ओला गोला से लगे, चौपट हुआ किसान।
व्याकुल होता हाय रे, कहाँ छुपा भगवान।।

बादल काले छा रहे, घटा घिरी घनघोर।
खुश होके यूँ नाचता, जंगल में फिर मोर।।

गरमी से व्याकुल रहे, जीव जंतु इंसान।
बादल देखे खुश हुए, सारे आज किसान।।

जल की कीमत पूँछने, चलिए राजस्थान।
कोसों तक पानी नहीं, रोता जहाँ किसान।।

खेतों में फसलें खड़ी, माँगें पानी एक।
जल की कीमत जानते, खोदे कुँए अनेक।।

जल संरक्षण कीजिए, व्यर्थ बहे मत धार।
बूँद-बूँद से घट भरे, जल से यह संसार।।

तेज वृष्टि ओले गिरे, हुआ बहुत नुकसान।
इंद्र देव को क्या मिला, है किसान हल्कान।।

तेज हवा ओले गिरे, जलमय हुआ प्रदेश।
फसलें चौपट हो गईं, देखे कुपित सुरेश।।

बदली साल किसान की, आया फिर नव वर्ष।
करें काम अपने लिए, मिले खुशी उत्कर्ष।।

मित्र

कृष्ण सुदामा मित्रता, युग-युग से विख्यात।
तीन लोक की संपदा, देकर नहीं अघात।।

भोग लिया परिवार ने, निज जीवन में कष्ट।
रही सुदामा जिंदगी, अपने में संतुष्ट।।

मिलने जुलने के लिए, आवें मित्र हजार।
जीवन भर निभता रहे, सब मित्रों का प्यार।।

अपनों से मिलते गए, जाने कितने घाव।
रेत वक्त की फिसलती, जैसे जल में नाव।।

कर्ण सरीखा बल नहीं, कर्ण सरीखा वीर।
दुर्योधन के साथ में, मित्र बने रणधीर।।

शत्रु-मित्र सम देखता, छोड़ मान-अपमान।
शीत-उष्ण में एकरस, सुख-दुख प्राण-अपान।।

जो कुसंग से मुक्त हो, निंदा -रस से दूर।
स्वयं प्रसंशा मत करे, मित्र वही भर पूर।।

हे बनवारी कर कृपा, देकर हमें विवेक।
मित्र चाहिए आप से, हमको मिलें अनेक।।

योग करो आता मजा, इष्ट मित्र हों पास।
गप्प लगायें रात दिन, वे पल होते खास।।

बुरे काम से रोक दे, विपदा में दे साथ।
मित्र हरे पीड़ा सदा, हाथों में हों हाथ।।

पुत्र मोह

संतों के संदेश में, छिपा हुआ गूढ़ार्थ।
सदा सत्य ही बोलते, जो भी रहे यथार्थ।।

कौरव वंशी शांतनु, मुख्य पिता मह जान।
नहुष ययाती भरत से, है इनकी पहचान।।

भीष्म पितामह के पिता, शांतनु महाराज।
कौरव पांडव वंश को, जाने दुनियाँ आज।।

भीष्म पितामह से बड़ा, हुआ धनुर्धर एक।
अर्जुन के गांडीव के, सुनिए कृत्य अनेक।।

पार्थ धनंजय नाम से, थे अर्जुन विख्यात।
सदा पितामह को कहे, लो प्रणाम यह तात।।

पाञ्चजन्य जो शंख था, श्री कृष्ण का खास।
देव दत्त के नाम का, था अर्जुन के पास।।

पुत्रमोह में पढ़ गए, कीन्हें कृत्य अनेक।
इस अंधे घृतराष्ट्र में, आया नहीं विवेक।।

अंधे को जब लग गया, पुत्र मोह का रोग।
फिर क्या इस धृतराष्ट्र से, छूटे सभी सुयोग।।

उनकी करनी सिद्ध है, जो करते पुरुषार्थ।
याद उन्हें करते सभी, जिनके मन परमार्थ।।

जब भी कोई राष्ट्र में, करे कृत्य गद्दार।
पूरी ताकत से करो, दुष्टों का प्रतिकार।।

रोजगार

रोजी-रोटी को गए, कितने देश विदेश।
नहीं भेजते आज वो, अपनों को संदेश।।

यहाँ पेट की आग का, केवल एक निदान।
रोजी-रोटी के लिए, हो सत्ता का ध्यान।।

महगाई का देश में, आज बुरा है हाल।
घर में तब रोटी बने, जब हो आटा दाल।।

रोजगार मिलता नहीं, पढ़े लिखों को आज।
रोजी-रोटी के लिए, व्याकुल आज समाज।।

करते हैं चिंतन मनन, जनगणना पर आज।
रोजगार मिलता नहीं, कैसे जिये समाज।।

शासन की रुसबाइयाँ, झेल रहे हैं आज।
मँहगाई के दौर में, कैसे होंगे काज।।

रोजगार मिलता नहीं, युवावर्ग बेहाल।
टका नहीं है जेब में, जाना है ससुराल।।

जो गरीब असहाय है, नहीं उसे कुछ काम।
उसे सहारा दीजिए, पाएगा आराम।।

आज हमारा मन कहीं, सोच रहा कुछ काम।
रोजगार अपना करो, तब आए आराम।।

घर बैठे होगा नहीं, कभी किसी का काम।
हमें हमारा सोचना, होगा तब आराम।।

रोजी रोटी

हुआ पलायन देश में, मिले बहुत कम वोट।
रोजगार देते नहीं, करते केवल चोट।।

होती है हिंसा जहाँ, करता पापी पेट।
रोजी रोटी के लिए, मार रहे पॉकेट।।

गरीब मजदूर हैं, सहते कष्ट अपार।
रोजगार उनको नहीं, शिक्षा है दीवार।।

पढ़ लिख कर घर बैठते, कितने सारे लोग।
उन्हें मिली रुसवाइयाँ, नहीं मिला सहयोग।।

रोजी रोटी के लिए, जाते बाहर लोग।
पड़े रहे फुटपाथ पर, लेकर आते रोग।।

भटक रहे हैं लोग अब, कौन सुने दरकार।
रोजगार पर चुप रही, भारत की सरकार।।

मंशा देने की नहीं, निज का करो उपाय।
छोटे मोटे काम से, घर में आए आय।।

जनसंख्या में विश्व में, भारत नंबर एक।
रोजगार के नाम पर, मत हैं यहाँ अनेक।।

रोजगार देते नहीं, ऐसा बना विधान।।
बाँट रहे हैं मुफ्त में, राशन और मकान।।

बड़ी मुफ्त खोरी यहाँ, श्रम से रहते दूर।
आज काम करने नहीं, मिलते हैं मजदूर।।

ध्यान

मन की हो एकाग्रता, लगता है तब ध्यान।
सुमिरण चलता है सदा, स्वाँसों से आसान।।

थोड़ी सी एकाग्रता, थोड़ा अनुसंधान।
साधक जब संयम रखे, पूरे हों अरमान।।

सत्य संग करिए सदा, बनो न रावण कंस।
काक बने कोयल यहाँ, बगुले बनते हंस।।

काले होते काक पिक, आते कब पहचान।
काँव-काँव कागा करे, कोयल मीठा गान।।

ज्ञानी बैठा ध्यान में, देखे खेल अनंत।
करे ब्रह्म में आचरण, रहनी से वह संत।।

बिना भूमि का यह महल, जिसमें बैठे राम।
स्वाँस चलाते आपकी, करें आपके काम।।

राम-नाम मणि जानिए, जो करती उजियार।
स्वाँस-स्वाँस सुमिरण करो, होना चाहो पार।।

दृष्टिकोण हमको मिला, पढ़कर गीता आज।
ध्यान करो भगवान का, वही हृदय सरताज।।

माँ मैं कुछ जानूँ नही, सदा भरोसा एक।
मिलता तेरे ध्यान से, विद्या विनय विवेक।।

ज्ञानी जपते नाम को, करके गुरु का ध्यान।
नाम रूप में हो प्रकट, देते है वरदान।।

अहंकार

मीरा का जब गल गया, अहंकार का बीज।
मिले गुरु रैदास तब, मिटी जन्म की खीज।।

अहंकार ने खा लिए, बड़े -बड़े रणधीर।
रावण दुर्योधन बली, कंस सहित सब वीर।।

हिरण्यकश्यपु को बड़ा, अहंकार का बेग।
नरसिंह को आना पड़ा, पड़ी रह गई तेग।।

काम क्रोध मद लोभ हैं, अहंकार के संग।
जो इनकी संगत करे, करें तपस्या भंग।।

अहंकार के बीज को, करिए पहले नष्ट।
तब उस पर करते कृपा, मिट जाते सब कष्ट।।

अहंकार सर पर चढ़े, आवे बुद्धि विकार।
देश काल दिखता नहीं, ठन जाती है रार।।

अहंकार ने कंस का, किया समूल विनाश।
बाल कृष्ण सर पर खड़े, तब वह हुआ निराश।।

गोरे रंग पर भी चढ़े, अहंकार का भूत।
विद्या बुद्धि दाम बल, कोई गिनावे पूत।।

खादी की गरिमा नहीं, नहीं वतन से प्यार।
अंहकार में चूर हैं, गद्दी के गद्दार।।

तिनका भी माने नहीं, मानव तेरी बात।
अहंकार का अंकुरण, इतनी सी औकात।।

कलयुग का इंसान

कलयुग के इंसान में, रहा नहीं सदभाव।
भाई भाई में ठनी, बात-बात पर ताव।।

कोई अब करता नहीं, अपनों की परवाह।
कलयुग के इंसान में, झूठ कपट की चाह।।

देख-देख कर थक गए, झूठा सब आचार।
कलयुग के इंसान का, कपट भरा व्यवहार।।

परम पिता नाराज हैं, भूल गया गुणगान।
याद नहीं करता हमें, कलयुग का इंसान।।

भूल गया माता पिता, भूल गया भगवान।
भूल गया इंसानियत, स्वारथ में इंसान।।

कुदरत का शोषण किया, खोदे नदी पहाड़।
बदले में केवल लिया, काटे जंगल झाड़।।

कर्णधार सब मतलबी, करें स्वार्थ से प्यार।
चौसर बिछे चुनाव की, तब बाँटे उपहार।।

जीवन यापन का कभी, खोजे नहीं निदान।
झूठ कपट में मस्त है, कलयुग का इंसान।।

आज हुनर का गुण नहीं, भूखों मरे अवाम।
स्वार्थ बिना करते नहीं, अब कोई भी काम।।

सब में देखा जा रहा, झूठ कपट व्यवहार।
कलयुग के इंसान में, अवगुण भरे हजार।।

यगणात्मक (122) दोहे

जो करते हैं रात को, वसुधा का यशगान।
सभी सितारों को चमक, देता है दिनमान।।

एक किनारा चाहिए, जब डूबें मझधार।
राम नाम नौका मिले, संतों की पतवार।।

भजन बंदगी कीजिए, चाबुक नाम प्रहार।
काम पिपासा वासना, सब कुछ होगा क्षार।।

नृत्य देख कर श्याम का, मोहित है संसार।
रूप सँवारो राधिका, नाचो अबकी बार।।

परम विवेकी जानिए, गुरुवर को सब लोग।
जो सिखलाते आपको, शब्दों का हठ योग।।

हर पल लगता शोभना, मंदिर बना विशाल।
राम विराजे जब भवन, कौशल्या के लाल।।

स्वार्थ सिद्ध होता नहीं, पड़ती दुहरी मार।
देश विरोधी ताकतें, बन जाती गद्दार।।

धरती पर छाया रहा, अंधकार अभिमान।
किया उजाला आपने, हे दिनकर भगवान।।

भाग्य हमारे खुल गए, मिला गुरू से ज्ञान।
जब घट में दर्शन दिए, मिली मुझे पहचान।।

कितनों ने घुसपैठ की, आए सीमा पार।
हुई तलाशी जब यहाँ, निकले तब गद्दार।।

मगणात्मक (222) दोहे

गुरुवर ने कर दी कृपा, साधक बने सुजान।
आभारी हूँ आपका, पाकर छंद विधान।।

अपने ईश्वर की यहाँ, करे नहीं जो खोज।
अज्ञानी संसार में, पशुवत घूमे रोज।।

वैरागी मन के लिए, करें नित्य अभ्यास।
भजन बंदगी कीजिए, मिट जाएगी त्रास।।

कल्याणी माँ शारदे, कृपा करो हे अम्ब।
शब्द भाव लय ताल दो, सेवा दो जगदम्ब।।

जीवन से वंचित हुआ, देखे नहीं बसंत।
आतंकी की जिंदगी, होगा निश्चित अंत।।

आवारा मत घूमना, बहुत पड़ेगी डाट।
आजादी के मायने, समझो बाराबाट।।

पहुँच गया है चाँद पर, इसरो का यह यान।
अब आगामी काल में, होंगे अनुसंधान।।

नकल नहीं करना कभी, करो अक्ल से काम।
पछताओगे एक दिन, नहीं लिया हरि नाम।।

आवारा फिरता रहा, बना न कोई काम।
रिश्वत के बाजार में, व्याकुल बहुत अवाम।।

आजादी हमको मिली, क्यों बिगड़े हालात।
अब कोई सुनता नहीं, आज किसी की बात।।

तगणात्मक (221) दोहे

सागर में आते सदा, आँधी अरु तूफान।
करे सुरक्षित नाव को, वह नाविक गुणवान।।

काम क्रोध मद लोभ से, मोहित है संसार।
चोर लुटेरे लग गए, सोया चौकीदार।।

चुपके-चुपके चल दिए, हुई न उनसे बात।
रात दिवस फीका लगे, किसे कहूँ हालात।।

साँझ हुई करने लगी, मृगनयनी श्रृंगार।
प्रियतम घर आए नहीं, करे कौन तकरार।।

क्षण भंगुर यह देह है, कब हो जाए शाम।
पहले करना काम को, बाद करें आराम।।

द्वारे के सम्मुख खड़ी, कर सोलह श्रृंगार।
हो सजना का आगमन, देखे पंथ निहार।।

सबके मन रावण छुपा, करता गंदे काम।
गुरुवर की जो ले शरण, मन पाए विश्राम।।

माया के बाजार में, उलझे सारे लोग।
पाया तो कुछ भी नहीं, गले पड़े सब रोग।।

आजादी है देश में, क्यों हो आप अधीर।
आगे बढ़कर तोड़ दो, अब सारी जंजीर।।

मोहित करता आपको, माया का बाजार।।
भूले बैठे हैं सभी, जो अपना आधार।।

रगणात्मक (212) दोहे

आठों नौवत बाजती, प्रभु से हो अनुराग।
बिना बजाए बज रहे, सभी रागनी राग।।

गुरु की करिए वंदना, शरणागत हों आप।
भटकन सारी खत्म हो, और मिटे संताप।।

जीवन में थी सादगी, थे हालात विपन्न।
आज अतिथि सत्कार से, मन है बहुत प्रसन्न।।

शब्द बोलते आपके, लगते बहुत कमाल।
गहरा है उनका असर, करती कलम धमाल।।

मधुर वचन बोलें सदा, बनते बिगड़े काम।
चार दिनों की जिंदगी, फिर जीवन की शाम।।

करूँ आरती वंदना, मुद मंगल दातार।
विद्या अपनी दीजिए, हो लेखन साकार।।

कपटी लोभी लालची, करें भक्ति का ढोंग।
मधुरस दे सकती नहीं, मुख में डाली लोंग।।

सुमन समर्पित आपको, स्वागत है सरकार।
आते रहिए दास की, कुटिया पर हर बार।।

कितनों ने की पैरवी, हुआ स्वप्न साकार।
राम लला मंदिर बना, लगा खूब दरवार।।

करिए थोड़ी साधना, बैठ जरा एकांत।
सभी समझ में आ गया, दर्शन अरु वेदांत।।

जगणात्मक (121) दोहे

माँ शारद ने की कृपा, दिया शब्द का ज्ञान।
गुरुवर से सीखा यहाँ, हमने छंद विधान।।

बागों में जाओ कभी, बैठे यहाँ उदास।
फूलों से आती सदा, भीनी मंद सुवास।।

कमल नयन रघुवीर के, मुख मंडल का रूप।
दिव्य भव्य सुंदर लगे, अनुपम और अनूप।।

दरवाजे पर हो खड़ी, रस्ता रही निहार।
मन उदास आए नहीं, गए कहाँ भरतार।।

काटा पीटा छेद कर, देखा जब कई बार।
कंचन को तापा गया, आया तभी निखार।।

जब कमान शुभ हाथ में, सबको रहती आस।
एक कुशल नेतृत्व ने, चहुँ दिश किया विकास।।

पानी बिजली के लिए, रहता जो हैरान।
सुख में सारे लोग हैं, सबसे दुखी किसान।।

भारत में बदली हवा, चहुँ दिस हुआ विकास।
सड़कों पर चलने लगे, वाहन खूब झकास।।

फैली है चारों तरफ, सुंदर सी मुस्कान।
उसे समझना है कठिन, चलती बहुत जुबान।।

अब तो बिल्कुल है नहीं, सत्ता आज उदार।
रोजगार के नाम पर, होता नहीं सुधार।।

भगणात्मक (211) दोहे

नारी का श्रृंगार जब, खींचे अपनी ओर।
सुंदर मन भावन लगे, ये काजल की कोर।।

आदि सृष्टि रचना हुई, था विचित्र यह काम।
जड़ चेतन गुण दोष मय, भेजा घट-घट राम।।

मन में पीड़ा हो रही, करता किससे बात।
घायल पंक्षी की तरह, तड़पे सारी रात।।

पहुना का है आगमन, खुश हैं सारे लोग।
आगत का स्वागत करें, विविध बनाए भोग।।

भारत पावन भूमि है, करें वतन से प्यार।
इस पर न्यौछावर करें, प्राणों का उपहार।।

ऐसी डाली मोहिनी, मोहित हैं सब लोग।
बंशी धुन में मस्त हैं, भूले सारे योग।।

बंशी वादन कृष्ण का, मोहित गोपी ग्वाल।
जंगल में मंगल करे, ये यशुदा का लाल।।

पावन अवसर है अभी, धरती पर बरसात।
मिलकर पेड़ लगाइए, बदलेंगे हालात।।

सावन लेकर आ गया, खुशियों की बरसात।
हर घर में राखी लिए, बहनों की सौगात।।

रेशम का धागा नहीं, यह है पावन रीत।
भाई बहिन के प्रेम की, रही सदा से जीत।।

नगणात्मक (111) दोहे

गुरुवर की लेकर शरण, करें साधना ध्यान।
अंतर्मन में झाँकिए, पहले खुद को जान।।

अंतस की आवाज सुन, देख सभी के ढंग।
चमक चार दिन ही चले, फीके हों फिर रंग।।

कर्जदार हर आदमी, है जिनका यशगान।
अमर शहीदों को नमन, करता है नादान।।

अरुणिम आभा है गगन, अस्ताचल दिनमान।
लगते सुरमइ साँझ के, हों कुछ और प्रमान।।

बैठें जाकर जब युगल, किसी झील के पास।
साँझ सुरमई देखकर, दिन बन जाता खास।।

पिंगल कुछ आता नहीं, नहीं कलम में धार।
अपने मुँह अपनी कहें, शेखी रहे बघार।।

शब्दों का अपना असर, हैं शब्दों के वार।
शब्दों में रस घोलिए, नादाँ मधुर मिठास।।

तथ्य परक रोचक रहे, पात्रों के संवाद।
वही कहानी कार है, पाठक करता याद।।

चरण शरण में लीजिए, हरिए माँ अज्ञान।
सुधा मयी करिए कृपा, हम ठहरे नादान।।

जाने कैसा हो गया, अब ये सकल समाज।
शिक्षक के सम्मान को, दाग लगाया आज।।

सगणात्मक (112) दोहे

सुर्ख लाल टेसू हुआ, महका महुआ आम।
बासंती चलती हवा, विरह सताए काम।।

मोती सागर में मिलें, सबकी अपनी जात।
बसरा के मोती रहे, सदा विश्व विख्यात।।

मानस में तुलसी लिखे, केवल दो ही बात।
सुख दीन्हें सुख ही मिले, दुख दीन्हें आघात।।

चकमा देना है बुरा, कहते संत सुजान।
लादे बोझ अनीति का, पहुँच गया शमशान।।

मिलना हो भगवान से, गुरु का पकड़ो हाथ।
उनकी आज्ञा में चलो, कभी न छोड़ो साथ।।

ताड़न करना है उचित, होता आत्म सुधार।
ढोल पीटने से बजे, सहकर कितने वार।।

कोयल कूके बाग में, मधुरिम लगता गान।
विरहन के मन को दुखी, कर देती यह तान।।

तित्य रुदन करना नहीं, मानें सबकी बात।
जीवन में आते कई, सुख-दुख के हालात।।

खर्च चलाना है कठिन, महँगी रोटी दाल।
अब खरीदना स्वप्न है, सोना हुआ बवाल।।

सब कहते हैं आजकल, अपनी-अपनी बात।
चिंता होती क्यों नहीं, सरहद के हालात।।

पड़ोसी

खाने को आटा नहीं, फिर भी झूठी शान।
टक्कर लेना चाहता, हमसे पाकिस्तान।।

ये भारत की बात है, हरदम हैं संगीन।
टक्कर में कोई नहीं, तुर्की हो या चीन।।

बच्चों को भी मारते, नहीं बचा कुछ धर्म।
पत्थर दिल इंसान के, देखो आज कुकर्म।।

तीन जगह से चल रही, इनकी यह सरकार।
आतंकी सेना इधर, सत्ता है लाचार।।

खाने को दाना नहीं, रखते बीबी चार।
फिर बच्चों की फौज यह, हो जाती खूँखार।।

मार काट करते सभी, करते दीन खराब।
हुई अराजक जिंदगी, देखी नहीं किताब।।

रही अशिक्षा चरम पर, कट्टरपन के काम।
ये मजहब के नाम पर, दुनियाँ में बदनाम।।

जब से बदली है हवा, सख्त हुआ कप्तान।
तब से थर-थर काँपता, पूरा पाकिस्तान।।

गदहों के व्यापार में, बहुत बड़ा है नाम।
इंसानों का कर रहे, जीना वहाँ हराम।।

विश्व पटल पर अब नहीं, देता कोई भीख।
फिर भी इनको आज तक, मिली नहीं है सीख।।

मतदाता

मतदाता के हाथ में, होती है पतवार।
किसको संसद भेज दे, बनके पालनहार।।

मतदाता खुश है अभी, बटते दारू नोट।
बिन जाने ही दे दिया, उसको अपना वोट।।

अब वोटर रीझा नहीं, घर से निकले कौन।
गर्मी का मौसम रहा, जनता साधे मौन।।

घर-घर में संपर्क की, परिपाटी को छोड़।
मतदाता बागी हुआ, सारे बंधन तोड़।।

मतदाता मत के लिए, शिक्षित नहीं जनाब।
अबके तुमने दी नहीं, उसको नोट शराब।।

मतदाता शिक्षित नहीं, कहे नीति गत बात।
देश विरोधी ताकतें, करती हरदम घात।।

मत अपना अधिकार है, देना उसको वोट।
आए सबके बीच में, कसकर रखे लंगोट।।

सबके सुख दुख में रहे, सबका करे विकास।
ऐसा हो अभ्यार्थी, जिस पर हो विश्वास।

शिक्षा पर जो जोर दे, सेहत पर दे ध्यान।
पानी बिजली सड़क का, लेता हो संज्ञान।।

चुनिए उसको ध्यान से, जैसे हो दामाद।
जनता को भी खुश रखे, करे सभी को याद।।

रानी झाँसी

राष्ट्र प्रेम का ज्वार था, साहस का प्रतिमान।
धरती अम्बर चंद्रमा, साक्षी है दिनमान।।

रानी झाँसी का अमर, आज हुआ बलदान।
सर आँखों पर रखेगा, तुमको हिंदुस्तान।।

वीरों के बलिदान से, देश हुआ आज़ाद।
मातृ भूमि पर मिट गए, लाखों में जाबाज़।।

झाँसी की रानी कभी, पड़ी नहीं कमजोर।
गली गली में गूँजता, मरदानी का शोर।।

स्वर्ण अक्षरों से लिखा, झाँसी का बलिदान।
प्राणों की बाज़ी लगा, किया देश का नाम।।

रानी थी वीराँगना, जिसका जग में नाम।
उसी लक्ष्मी ने किया, अरि का काम तमाम।।

वीरों के इस देश में, काम हुए कुछ खास।
रानी राजा का समय, बना आज इतिहास।।

अँग्रेजों में खौफ था, रानी साहस वान।
बचपन में सीखे सभी, भाले तीर कमान।।

भय खाते डरते रहे, सुनते जब ललकार।
रानी रण में कूदती, हिल जाते असवार।।

जब रानी ने पींठ पर, बाँधा अपना पुत्र।
कूद गई वीराँगना, घटना घटी विचित्र।।

विकास

मन विकास से खुश हुआ, देख समाज सुधार।
तन निरोग हो आपका, इस पर करें विचार।।

घर में पानी भर रहा, एसा हुआ विकास।
आये दिन बरसात के, बिल्कुल नहीं निकास।।

वैभव भारत वर्ष का, देख रहे सब लोग।
इस विकास के दौर में, दिया सभी ने योग।।

जगह बिकाऊ हो गई, गए शहर में लोग।
इस विकास की दौड़ में, लगे हजारों रोग।।

खेती अपनी छोड़ कर, खोली शहर दुकान।
सभी खंडहर घर हुए, घर के सब बागान।।

इस विकास को दौड़ में, दौड़े कितने लोग।
छूटा पीछे गाँव का, नदी नाव संयोग।।

अपने पास पढ़ौस को, नहीं जानते आप।
संकट में जब पड़ गए, करते पश्चाताप।।

गाँव-गाँव पक्की सड़क, देखा तेज विकास।
ग्रामीणों ने आप से, लगा रखी थी आस।।

गाँव सदा पीछे रहे, हर विकास में आज।
किंतु सभ्यता में सदा, आगे रहा समाज।।

अब तो खुद होने लगा, चारों ओर विकास।
हम भी पीछे कब रहे, फैला खूब उजास।।

वीणा पाणि

माँ शारद करती कृपा, रचते नए विधान।
छंद देव का नाम ले, करते नव संधान।।

माता अपने दास पर, करो कृपा की कोर।
दया दृष्टि रखिए सदा, देखो मेरी ओर।।

प्रथम नमन माँ शैलजा, तुमको बारम्बार।
करो कृपा हम हैं शरण, दे दो शांति अपार।।

रहे देश में हर जगह, खुशहाली आधार।
जन मानस में पेम का, सदा रहे संचार।।

नया वर्ष है नव सृजन, करे देश उत्थान।
सभी दिशाओं में करें, अपने अनुसंधान।।

बढें शांति की राह में, सदा रहें सिरमौर।
रखें याद सब बड़ों का, यथा योग्य हो ठौर।।

जगजननी माँ शारदे, बड़ा तुम्हारा नाम।
अखिल विश्व को दीजिए, शांन्ति का पैगाम।।

अहंकार में नष्ट है, मानव मन अविराम।
सबकी रक्षा आपके, हाथों का आयाम।।

चलो सुरमई साँझ का, लेते हैं आनंद।
माँ को देखा मिल गया, जैसे परमानंद।।

मात भवानी शारदे, दो शब्दों का ज्ञान।
आन विराजो कंठ में, हम बालक नादान।।

फागुन

सरसों फूली खेत में, ओढ़े चूनर पीत।
हवा नशीली हो गई, अजहुँ न आये मीत।।

महुआ मादकता रखे, टेशू रखे गुलाल।
फूल लगे कचनार में, फगुना पीलो लाल।।

पतझड़ में सब झड़ गए, सभी पुराने पात।
नई कोपलें हँस रहीं, देख मुलायम गात।।

भँवरे गुंजन कर रहे, शीत हुई उपराम।
महुआ मादक हो रहा, बौराया है आम।।

बौराई सी है हवा, भँवरे फिरें दिगन्त।
कोयल कूके आम पर, हुआ गुलमुहर संत।।

नशा भाँग का चढ़ा कर, चलने लगी बयार।
सुर्ख लाल टेशू हुए, फूल गई कचनार।।

मंचों पर होने लगा, कवियों का व्यापार।
चार पंक्तियां ही लिखीं, शेखी रहे बघार।।

कविताई करने लगे, लिखकर अक्षर चार।
हम जैसे नादान हैं, शेखी रहे बघार।।

सरिता सागर झील में, जब दिखता दिनमान।
ऐसे लगता है हमें, झिलमिल एक वितान।।

मन भावन मौसम हुआ, लगे सुहाना गाँव।
आखों में भर लीजिए, यह बरगद की छाँव।।

संगत

सत कर्मों की प्रेरणा, देता है साहित्य।
अंधकार को मेटने, निकले ज्यों आदित्य।।

प्रकृति सदा ही सूर्य से, लेती है लालित्य।
अंधकार संसार का, हर लेता आदित्य।।

आज खिलौना देखकर, मन में उठा विचार।
बचपन जैसी जिंदगी, मिल जाती इक वार।।

माटी का यह तन मिला, इसे खिलौना जान।
इसके अंदर ब्रह्म की, दिव्य ज्योति पहचान।।

खोटा सिक्का जानके, त्यागें अवगुण आप।
समय चूकने पर सदा, होगा पश्चाताप।।

संगत से गुण ग्राह्य बन, सिक्कों से मत खेल।
किस पल स्वाँसा ले उड़े, इस जीवन की रेल।।

मिलें प्रेम के पल सुखद, या हो कहीं वियोग।
मिले संत संगत कहीं, ये दुर्लभ संयोग।।

काम क्रोध मद मोह हैं, अंहकार के संग।
जो इनकी संगत करे, करें तपस्या भंग।।

संगत से रंगत बने, सुधरे बुद्धि विचार।
अवगुण सारे दूर हों, भागें सभी विकार।।

मन मतंग

मन है बालक आज भी, करता हमसे रार।
चढ़ा जवानी का नशा, उमर साठ के पार।।

मन है बालक आज भी, करता है तकरार।
खाने में सब माँगता, मीठा कभी अचार।।

मन है बालक आज भी, जर्जर हुआ शरीर।
गाँठ-गाँठ में बन रही, असहनीय सी पीर।।

गाना चाहे आज मन, शिथिल पढ़ा है साज।
आखों से दिखता नहीं,मन है बालक आज।।

मन माया का दास है, मन चंचल चित चोर।
मन है बालक आज भी, देखे है चहुँ ओर।।

मन मतंग माने नहीं, खोजे नया शिकार।
गुरु कृपालु जब से मिले,भागे सभी विकार।।

मन की चंचलता बढ़े, तुरत कीजिए ध्यान।
काम क्रोध मद लोभ का,रहे न नाम निशान।।

काम क्रोध मद मोह हैं, नाथ नरक के द्वार।
लालच मन का रोग है, कैसे जायें पार।।

मन का दर्पण स्वच्छ हो, जितना परम पवित्र।
उतना सुथरा मनुज का, रहता सदा चरित्र।।

इस अभिनय में ले रहे, जितने भी प्रतिभाग।
मन दर्पण में देखिए, अपना-अपना दाग।।

मौसम

फसलें सब चौपट हुईं, सब रो रहे किसान।
बे मौसम बरसात से, सांसत में है जान।।

ओला वृष्टि से हुई, फसलें सारी नष्ट।
बे मौसम बरसात ने, बहुत दिया है कष्ट।।

बे मौसम बरसात से, ठंडा हुआ वितान।
अब निकलो हे देवता, धरती के भगवान।।

सुख दुख दोनों अंग हैं, जीवन के आयाम।
बे मौसम बरसात से, याद आ गए राम।।

बे मौसम बरसात से, जन जीवन हैरान।
सबसे ज्यादा कष्ट में, अपना यही किसान।।

किसे बताऊँ आज मैं, अन्तर्मन का हाल।
सुनने वाला कौन है, इतना बड़ा बबाल।।

सावन लेके आ गया, राखी का त्यौहार।
मौसम ने बदली हवा, रिमझिम गिरे फुहार।।

ठिठुरन बढ़ गई आज से, हुआ शहर में शोर।
मौसम के कारण लगे, सूर्य बड़ा कमजोर।।

मौसम परिवर्तन हुआ, हुई नहीं बरसात।
तापमान इतना बढ़ा, खतरनाक हालात।।

मौसम ने देखा इधर, हुआ विरह का अंत।
प्रेम गीत गाने लगा, अब ऋतुराज बसंत।।

आपसी प्रेम

रहे प्रेम का संचरण, हो आदान प्रदान।
तेरे मेरे बीच में, खिले मधुर मुस्कान।।

आपस के मतभेद का, रहा हमें भी खेद।
निकल गया सारा जहर, रहा न कोई भेद।।

जीवन की बगिया खिली, बने रहे नादान।
तेरे मेरे बीच में, था बंधन अंजान।।

जब झंकृत होने लगें, मन वीणा के तार।
हर पल उसकी याद हो, समझ हो गया प्यार।।

जीवन में सबका करें, आप सदा आभार।
तेरे मेरे बीच में, बना रहेगा प्यार।।

माँ से गहरा कौन है, जो करता परवाह।
धीरज करुणा प्रेम से, माता भरी अथाह।।

प्रेम कहीं दिखता नहीं, घर हो या परिवार।
भाई–भाई के बीच में, बनी आज दीवार।।

मेरे ख्वाबों का महल, जिसमें हों सब लोग।
प्रेम प्यार सहकार का, करें सभी उपयोग।।

आपस के इस प्रेम में, सबका हो सम्मान।
यहाँ अधूरे क्यों रहें, हम सबके अरमान।।

दुखी उसे भी देखलो, जिस पर धन का ढेर।
रहें प्रेम संबंध तो, सुख हो देर सबेर।।

साहित्य

महाकाव्य मानस बना, लिखकर राम चरित्र।
मर्यादा आदर्श का, खींचा जिसमें चित्र।।

महाकाव्य रोचक बने, सुंदर ललित ललाम।
महापुरुष की जीवनी, में जब होंगे राम।।

खंडकाव्य है व्यक्ति की, घटना का उल्लेख।
शब्दों की जादूगरी, एक अमर अभिलेख।।

प्रेमचंद साहित्य में, रहे कहानीकार।
सभी जमीनों से जुड़े, लिए सदा किरदार।।

जग की लिखता वेदना, करता है आगाह।
लिखे कहानी आपकी, लेखक को परवाह।।

शासन को चेतावनी, या समाज को ज्ञान।
है समाज का आइना, सत साहित्य महान।।

माँ मैं कुछ जानूँ नही, सदा भरोसा एक।
मिलता तेरे ध्यान से, विद्या विनय विवेक।।

शैल सुता की वंदना, करते हैं जब आप।
मिट जाते संसार के, यह समस्त संताप।।

सभी शैल माणिक नहीं, चंदन नहीं अपार।
सब हाथी मुक्ता नहीं, साधू नहीं हजार।।

जो रचते साहित्य को, लिखते हमें निदान।
उनका भी कर दीजिए, मंचों पर सम्मान।।

दौलत

धन दौलत माया सभी, व्यर्थ रहे हो जोड़।
रख लो कोठी गाड़ियाँ, जाना है सब छोड़।।

दौलत के पीछे पड़ा, जोड़े लाख करोड़।
चार दिनों की जिंदगी, जाना है सब छोड़।।

जाना है सब छोड़कर, फिर क्यों खींचातान।
गाड़ी बंगले कोठियां, खेती मील मकान।।

जाना है सब छोड़कर, फिर क्यों करता मोह।
तृष्णा छूटेगी तभी, जब यम लेंगे टोह।।

जिनके घर में प्रेम है, और निरोग शरीर।
दौलत से होता नहीं, कोई आज अमीर।।

जब श्मशान में एक दिन, जाना है यह देह।
फिर क्यों संग्रह कर रहे, धन दौलत अरु गेह।।

दौलत के बाजार में, बिकते हैं ईमान।
बिक जाती खुद्दारियाँ, कुछ भोले इंसान।।

दौलत से बनते सभी, इस दुनियाँ के काम।
खूब कमाओ रोकड़ा, जोड़ो साज तमाम।।

दौलत के पीछे पड़े, आज बहुत इंसान।
कैसे भी हो चाहिए, बिके भले ईमान।।

होली दीवाली सभी, उनके हैं त्यौहार।
जिनके घर आती रहे, दौलत पारावार।।

शिक्षक

जो पढ़ते हैं बाल मन, गढ़ते हैं आकार।
वे शिक्षक गुरु रूप में, देवरूप साकार।।

शिक्षक अध्यापक गुरू, इनमें था ईमान।
अनुशासन की चोट से, देते थे वो ज्ञान।।

ऐसे गुरुओं को नमन, जो सबके दातार।
मिट्टी के आकार को, करते हैं साकार।।

शिक्षक जग की प्रेरणा, जीवन का आधार।
देखी शिक्षक की छड़ी, भागे सभी विकार।।

शिक्षक से ही बन सका, ये समाज अनुकूल।
अनुशासन अरु प्रेम के, खिले बहुत से फूल।।

शिक्षक जग की प्रेरणा, जीवन का आधार।
शिक्षक की ही सीख से, भागे सभी विकार।।

जाने कैसा हो गया, अब ये सकल समाज।
शिक्षक के सम्मान को, ग्रहण लगाया आज।।

शिक्षक जीवन में भरे, उत्तम मंगल ज्ञान।
चंदन वंदन कीजिए, पावन पारस जान।।

शिक्षक जीवन की धुरी, उत्तम पोषक जान।
अंतस गागर में भरे, अक्षत बोधक ज्ञान।।

पुस्तक के अक्षर समझ, देते अंतर ज्ञान।
ऐसे शिक्षक को नमन, वंदन करे जहान।।

मधुमक्खी

मधुमक्खी मीठी शहद, देती है उपहार।
मानव जीवन के लिए,यह उसका उपकार।।

मीठा -मीठा बोलिए, यह उसका संदेश।
कथनी करिए रात दिन, इतना ही उपदेश।।

रहना है जो एक जुट, मधुमक्खी से सीख।
शक्ति संघ में सब मिले, छिन्न-भिन्न में भीख।।

दुश्मन आता देखकर, सब करते प्रतिकार।
शक्ति संघ को देखकर, होता नहीं प्रहार।।

बिन कारण बोले नहीं, यह उसकी है आन।
जीवन जीना सीखिए, बच जायेंगे प्रान।।

मधुमक्खी से सीखिए, कैसे रहना साथ।
संकट में सारे खड़े, डाल हाथ में हाथ।।

बिन कारण बोले नहीं, रहती हरदम शांत।
जिसने छेड़ा बे बजह, उसका अंत दुखांत।।

रहती हरदम संघ में, देती सबका साथ।
उसे कभी मत छोड़ती, जिसका लगता हाथ।।

देती है सबको शहद, आता हरदम काम।
फूलों का रस चूँस के, है मधु का आयाम।।

औषधि में होता सदा, मधु का सद उपयोग।
छोटी मक्खी का शहद, खाते सारे लोग।।

बेटा

बेटा तारा आँख का, माँ करती है छोह।
माँ लेती है जाग कर, खुद बच्चों को टोह।।

तारा टूटा देखकर, लिया राम का नाम।
होगी जिसकी चेतना, उसको मिले सुधाम।।

बेटा है परदेश में, रहता घर से दूर।
माँ बापू बीमार हैं, खाने को मजबूर।।

कौन करे सेवा अभी, करते बाद विवाद।
मात पिता मजबूर हैं, फैला बहुत विषाद।।

बेटा घर का लाड़ला, बेटी घर की शान।
दोनों में अंतर नहीं, जो भी दे भगवान।।

मात पिता बूढ़े हुए, है प्रपौत्र की चाह।
बेटा गया विदेश में, कौन करे परवाह।।

बेटा करता बाप से, हर दिन नया विवाद।
रावण का वंशज लगे, करे न हमको याद।।

पढ़ने की सारी उमर, खेले उसने खेल।
रोजगार मिलता नहीं, छूट गई अब रेल।।

बेटा घर का आइना, देखे उसे समाज।
संसकार कैसे दिए, बतला देगा आज।।

माँ की ममता खोजती, बेटे में संसार।
प्राणों से प्यारा लगे, बेटे का व्यवहार।।

दीवाली

दीवाली पर हर तरफ, बम्म पटाखा फोड़।
भारत के त्योहार का, कहीं नहीं है तोड़।।

तैयारी करने लगे, भारत के सब लोग।
मंदिर की शुभ सूचना, अद्भुत यह संयोग।।

तैयारी रहती सदा, अब सरहद के पास।
दुश्मन चौकन्ना बहुत, बैठा सदा उदास।।

आज बधाई दीजिए, बैठे मंदिर राम।
भारत के आराध्य हैं, मर्यादा के धाम।।

उन्हें बधाई दीजिए, जिनका रहा प्रयास।
भव्य दिव्य मंदिर बना, हुए राम के खास।।

बिकी चाइना की लड़ी, चकरी दिए अनार।
मिट्टी के दीपक लिए, बैठा रहा कुम्हार।।

सबके मंगल के लिए, करना यह उपचार।
दीपक बनकर कीजिए,घर बाहर उजियार।।

दीपक करता रोशनी, चारों तरफ प्रकाश।
दिया तले होता नहीं, अंधकार का नाश।।

अंधकार से लड़ रहा, दीपक कितना खास।
तुम भी देते साथ तो, करता खूब उजास।।

अमर हो गई कोख वो, जिसका लाल शहीद।
भारत माता से बड़ी, कब दीवाली ईद।।

अमर शहीद

सरहद पर जो दे रहे, पहरा दिन वा रात।
सर्दी गरमी धूप हो, चाहे हो बरसात।।

देश की मिट्टी चूम कर, हो गय जो बलिदान।
है उनको शत शत नमन, रखा देश का मान।।

अमर शहीदों को नमन,करते शीश झुकाय।
जिनके उन्नत भालपर, दुश्मन भी झुक जाय।।

मस्तक ऊंचा ही रखा, कर ध्वज का सम्मान।
वन्दे मातरम बोलकर, दे दी अपनी जान।।

जो चौकस हैं बर्फ में, दलदल में चैतन्य।
जिनके कारण देश है, उन माओं को धन्य।।

उनके जज्बे को नमन, हो गय जो कुर्बान।
खून रगों में बतन का, दिल में हिंदुस्तान।।

अमर हो गई कोख वो, जिसका रक्त शहीद।
भारतमाता से बड़ी, दीवाली ना ईद।।

भारत माँ के शूरमा, करें प्रबल प्रतिघात।
आ ना पाये आपदा, कोई झंझाबात।।

सच्चा वीर सपूत वो, करता जो कर्तव्य।
जिसके केवल नाम से, लिख जाता भवतव्य।।

भारत माँ के शूरमा, करें प्रबल प्रतिघात।
जब आती है आपदा, कोई झंझाबात।।

महत्वपूर्ण दोहे

जर जमीन जोरू रहे, झगड़ों की जड़ एक।
सरहद पर झड़पें हुईं, कारण बने अनेक।।

झगड़े सारे बंद हों, सुधरे कल अरु आज।
हिंदू मुस्लिम में सभी, शिक्षित बने समाज।।

बच्चे माँ के साथ में, झटपट करते काम।
घर की रौनक हैं वही, दिल का भी आराम।।

शिशु करता अठखेलियाँ, माता माने मोद।
झटपट करती काम को, लेती उसको गोद।।

तरुण हुआ तन आपका, आँख हुई रतनार।
दिल में अब बढ़ने लगा, प्रिय प्रियतम से प्यार।।

मन यौवन चढ़ने लगा, तरुण हुए सब गात।
अब हमसे सँभले नहीं, दिल के ये हालात।।

बार-बार मिलता नहीं, मानव का यह चोल।
जानो इसके मूल्य को, प्रेम सहित हरिबोल।।

परिवर्तन ऐसा हुआ, उगी किलों पर घास।
हाथी घोड़े पालकी, रहे न दासी दास।।

जहाँ खड़ी थी कोठियाँ, ड्योढ़ी पर दरवान।
परिवर्तन का दौर है, सब कुछ है वीरान।।

काजल की है कोठरी, मन यौवन के खेल।
कालिख से बचते रहें, कर संयम का मेल।।

काम के दोहे

स्वारथ के नाते सभी, स्वारथ का संसार।
रे मूरख नादान तू, कहाँ ढूंढता प्यार।।

अंत समय कोई नहीं, मन में यही मलाल।
सभी छोड़ जाना यहीं, हीरा पन्ना लाल।।

दिल में जिसके प्रेम हो, क्षमा दया का भाव।
ऐसा अब मिलता नहीं, आता सबको ताव।।

अपना किया हमें मिला, ये विधना का लेख।
मेरी किस्मत में कहीं, नहीं प्रेम की रेख।।

भावुकता में बह गए, सबका रक्खा ध्यान।
अब सब काबिल हो गए, भूल गए पहचान।।

दुनियाँ का अनुभव यही, जीवन का यह सार।
कुछ भी मत हो पास में, पर गाँठी में प्यार।।

जो भी मेरे पास था, श्रम साधन धन धान।
सबको यथा समय दिया, रखा सभी का मान।।

सदा अपेक्षा की गई, किया बहुत उपयोग।
हमें उपेक्षा ही मिली, मिला साथ में रोग।।

जिनको मिलता भाग्य से, पत्नि का सहयोग।
उनका जीवन स्वर्ग है, दुख का नहीं कुजोग।।

कैसा जीवन हम जिए, नहीं तुम्हें अनुमान।
साथ निभाया आज तक, किया नहीं गुणगान।।

जीवंत दोहे

सरगम अनहद नाद की, सुनते संत सुजान।
गगन मध्य में बज रही, सुनो लगा के कान।।

सरगम के स्वर सात हैं, सप्त सरोवर जान।
सात रंग से जग बना, संत सप्त ऋषि मान।।

नजर चुराने की अदा, देख मधुर मुस्कान।
फिर फीका लगने लगा, सारा आज जहाँन।।

मानस पारायण करें, खूब करें उपवास।
अनबन भाई से करें, बैठे आज उदास।।

दिल्ली के दरबार में, बहुत मचा अंधेर।
प्रतिभा शाली बन गए, चिड़ियाघर के शेर।।

अब भी होते हैं सभी, मुश्किल से दो चार।
दिल्ली अब भी दूर है, कब समझोगे यार।।

तत्कालीन समाज का, दर्पण है साहित्य।
जैसे सबको रोशनी, देता है आदित्य।।

भूल गए क्यों सूरमा, समता का अधिकार।
मजबूरी किस बात की, कैसा अत्याचार।।

जाति वाद में क्यों पड़ी, अब तक ये सरकार।
मजबूरी किस बात की, क्यों समाज दो फार।।

कोई आज गरीब है, कोइ बना सिरमौर।
मजबूरी किस बात की, है विकास का दौर।।

बारिश

बारिश में जब भर गए, नदी पोखरा ताल।
मेंढक टर्राने लगे, व्यर्थ बजाकर गाल।।

खतरा बनकर आ गई, देखो यह बरसात।
बारिश में छप्पर चुआँ, जागे सारी रात।।

जुड़ा नहीं जो गाँव से, वो क्या जाने पीर।
आज बिकाऊ कर गए, पुरखों की जागीर।।

बारिश की बौछार से, भीग गया घर द्वार।
उरबतियाँ गाने लगीं, टिप-टिप राग मल्हार।।

मेघ देखकर खुश हुआ, वन में आज मयूर।
मनमोहक सुंदर सुखद, नृत्य किया भरपूर।।

बारिश में पथ है कठिन, बच्चे हैं लाचार।
जोखिम लेकर आजकल, नाला करते पार।।

रिमझिम बारिश हो रही, गरज रहे हैं मेह।
भीग रहे हैं खेत सब, घर आंगन अरु देह।।

मेंढक जी खुश हो रहे, गावें कजरी गीत।
बूंदों के संगीत से, झींगुर करते नेह।।

बच्चे सारे खुश हुए, देखी जब बरसात।
सभी खेलने को गए, भींग गए सब गात।।

जब कागज की नाव को, डाला बहती धार।
दौड़ पड़ी सरपट अभी, खुशियाँ मिली अपार।।

राधा रानी

राधा भव बाधा हरो, करता दास पुकार।
नाम जपूँ दिन रात मैं, करिए कृपा दुलार।।

नटखट नंद किशोर जब, नहीं मानते हार।
चंचल चितवन से किया, तब राधा ने वार।।

छैल छबीली राधिका, छवि देखी गोपाल।
मोहित हैं ब्रज गोपियाँ, कान्हा मलें गुलाल।।

मदन मुरारी आ गए, खुश हैं सारे बाल।
गोपी ग्वाले राधिका, गैया भरे उछाल।।

होली में वृषभानुजा, खेलें रंग गुलाल।
रंग लगावें कृष्ण को, मिलकर गोपी ग्वाल।।

सबका मंगल जो करें, करिए दर्शन मात्र।
जो हैं राधा के रसिक, कृष्ण कृपा के पात्र।।

राधा जी के रास में, जाते कृष्ण मुरार।
भेष बदल कर देवता, करते जय-जय कार।।

राधा रानी एक रस, जपती जिनका नाम।
उनके मन-मंदिर बसें, रसिक बिहारी श्याम।।

लगते अतिशय प्रिय मुझे, ऐसे भक्त सुजान।
जपें राधिका नाम जो, खुश होते भगवान।।

साथ-साथ खेले सभी, बचपन बीता साथ।
किस्मत में तो प्रेम था, पकड़ा राधा हाथ।।

कृष्ण मुरारी

कृष्ण मुरारी की कृपा, सुखी रहें सब लोग।
हे बनबारी विश्व को, आज सिखाओ योग।।

दुष्ट दुशासन खीचता, आज द्रोपदी चीर।
मन में कृष्ण पुकारती, होकर बहुत अधीर।।

चिल्लाई जब द्रौपदी, सुन कर करुण पुकार।
दौड़े आए कृष्ण जी, किया भक्त उद्धार।।

यमुना तट छाया सुखद, बैठ कदम की डार।
कृष्ण बजाते बाँसुरी, करें गोपियाँ रार।।

तारे नयनों के कहाँ, खोज रही है मात।
राम कृष्ण आए नहीं, कारण है अज्ञात।।

यमुना जी का जल मिले, रहने को ब्रज धाम।
बाँके के दर्शन मिलें, दुनियाँ से क्या काम।।

आज यशोदा कृष्ण को, डाट रही मुख खोल।
मिट्टी खाई आपने, दिखा दिया भूगोल।।

साथ-साथ पढ़ने गए, कृष्ण सुदामा मित्र।
किस्मत दोनों की अलग, पाया अलग चरित्र।।

मुरली बाजी श्याम की, दौड़े गोपी ग्वाल।
बंशी बट की छाँव में, खड़े मिले गोपाल।।

मुरली की धुन कान में, लगती मधुर अतीव।
मोहित हैं संसार के, सभी चराचर जीव।।

मीरा दीवानी

मीरा दीवानी हुई, जपती रहती श्याम।
भक्ति चढ़ी परवान तो, विंद्रावन था धाम।।

राणा ने भेजा उसे, जिस दिन काला नाग।
मीरा को श्री कृष्ण के, दर्शन का सौभाग।।

मीरा को सहना पड़ा, राणा जी का क्रोध।
अंत सत्य की जीत है, कितने हों अवरोध।।

राधा जी थी कृष्ण की, प्रेम रूप साकार।
मीरा प्रेमानंद में, करती नित्य बिहार।।

सीता अनुसुइया सती, मीरा राधा रूप।
सरस्वती अरु लक्ष्मी, सारे रूप अनूप।।

गीता गंगोदक पिया, गही सार की बात।
सुनकर वाणी कृष्ण की, आँखों से बरसात।।

सपना पूरा हो गया, छोड़े सारे काम।
कृष्ण भक्ति में लीन हो, मीरा गई सुधाम।।

मीरा जैसा विश्व में, नहीं हुआ है एक।
महलों को छोड़ा रही, संत दर्श की टेक।।

मीरा को रविदास ने, दिया नाम का दान।
भूल गई संसार को, किया कृष्ण का गान।।

मीरा दीवानी हुई, रसिक भाव था साथ।
नाम हृदय में जप रही, मिलो द्वारिका नाथ।।

संसार

जिसको किंतु परंतु का, लग जाता है रोग।
मायावी संसार में, मिल जाते हैं लोग।।

धन को तो श्रम चाहिए, करता जो इंसान।
निर्धन को संसार में, मिले नहीं सम्मान।।

आई है नव रात्रि माँ, आओ मेरे द्वार।
हे दुर्गा माता जया, तुमसे यह संसार।।

डामर से सड़कें बनी, वाहन बढ़े हजार।
आवागमन न बंद हो, सुविधा का संसार।।

देव चढ़े माला बने, दें सबको उपहार।
बहुत मनोहारी लगे, फूलों का संसार।।

करना था हरि का भजन, करके यहाँ करार।
लेकिन आटा दाल में, उलझा है संसार।।

उलझा है संसार का, ताना बाना आज।
मर्यादा को भूलता, अपना सभ्य समाज।।

उलझे हैं संसार में, जो अविवेकी लोग।
कारण उनके कष्ट का, बनते सारे भोग।।

आगे बढ़ने के लिए, करता जतन हजार।
इस्पर्धा की दौड़ में, उलझा है संसार।।

उलझन माया से अधिक, है मन से उत्पन्न।
उलझे हैं संसार में, बड़े-बड़े संपन्न।।

संसार सागर

ज्ञानी तो संसार में, रहता है निष्काम।
कर्ता प्रभु को मानकर, जपता उनका नाम।।

जब तक भ्रम संसार में, तब तक माया जान।
द्वैत भाव जब मिट गया, घट भीतर पहचान।।

दाता इस संसार का, केवल है भगवान।
धूप हवा पानी प्रकृति, सबका रखती ध्यान।।

अवसर सबको दे रहा, ईश्वर है दातार।
भूल गया भगवान को, यह सारा संसार।।

बड़े रहस्यों से भरा, नागों का संसार।
भोले बाबा का बना, सर्प गले का हार।।

खुश हैं सारे संत जन, खुश है यह संसार।
अपने भारत वर्ष का, भावी देख विचार।।

नाता रखना सीख लो, स्वारथ का संसार।
वक्त पड़े पूँछे नहीं, माया का बाजार।।

रोचक जब लगने लगे, यह नश्वर संसार।
कहें संत इस जीव का, कौन करे उद्धार।।

दाता केवल राम हैं, भिक्षुक यह संसार।
स्वामी तीनों लोक के,सबके प्राणाधार॥

सपना पूरा कर सको, तब देखो संसार।
व्यर्थ घूमना आपका, बार-बार बाजार।।

बरसात

सागर से बादल बना, फिर उससे बरसात।
नदी सरोवर या नहर, सभी एक ही जात।।

सागर बनने के लिए, यह गुण होता खास।
जो विशाल गंभीर हो, सब कुछ उसके पास।।

सागर से बादल बने, बरखा करें अपार।
ओला पाला बर्फ से, हम सब जाते हार।।

इस भारी बरसात में, जल का हुआ भराव।
सड़कों पर चलने लगी, अब पानी की नाव।।

बाल कनी में खेलते, होती जब बरसात।
तब कागद की नाव से, करते थे उत्पात।।

मौसम हो बरसात का, मिले चाय का साथ।
भजिया हों गर सामने, सभी बढ़ाते हाथ।।

ये अद्भुत संयोग है, हो अमरित बरसात।
शरद ऋतु की पूर्णिमा, चंद्र किरण पढ़ जात।

बादल बरखा ओस कण, ओला और तुषार।
कुहरा पाला बरफ हैं, पानी के अवतार।।

सावन लेके आ गया, राखी का त्यौहार।
मौसम ने बदली हवा, रिमझिम गिरे फुहार।।

बच्चे सारे खुश हुए, खुश है बहुत किसान।
बादल छाए जल गिरा, नदीयाँ चढ़ी उफान।।

शीत

धूप गुनगुनी लग रही, खिली रश्मियाँ आज।
जीव जंतु सारी प्रकृति, खुश हैं सब परवाज।।

दस्तक दे दी शीत ने, लगे सुहानी धूप।
ताप छोड़ सूरज हुआ, मानव के अनुरूप।।

दस्तक दे दी शीत ने, हुई गुलाबी ठंड।
आग जला कर बैठते, बालक सभी उदंड।।

दस्तक दे दी शीत ने, हुआ विरह का अंत।
निकली सभी रजाइयाँ, मिलने आए कंत।।

शीत लहर चलने लगी, दिन पर हुआ प्रभाव।
हिम तुषार को देखकर, जलने लगे अलाव।।

चाय बहुत अच्छी लगे, बैठे ओढ़े शाल।
हैं तुषार के दिन अभी, पड़ा धूप का काल।।

प्रखर रश्मियां हो गई, शीत हुई उपराम।
पंछी को जीवन मिला, शुरू हुए सब काम।।

सूर्य उत्तरायण हुए, गए मकर के धाम।
बंद हुए उत्पात सब, शीत हुई उपराम।।

कुहरे पाले से मिली, सबको अभी निजात।
उत्तर में हिमपात का, बंद हुआ उत्पात।।

शीत गई फागुन लगा, जागी दिल में आस।
धरा बसंती हो गई, जब आया मधुमास।।

चंदन

सुंदर चंदन का तिलक, शुभता की पहचान।
खुशबू भी देता हमें, ठंडक देता दान।।

चंदन शीतल है शुभग, दिव्य सुगंध अपार।
हो पूजा आराधना, सजता नित्य लिलार।।

विषधर क्यों लेता नहीं, चंदन का गुण एक।
लिपटे रहते हैं सदा, जिस पर सर्प अनेक।।

अति वर्जित होती सदा, विनय क्रोध या शील।
चंदन को देता जला, मलयागिरि का भील।।

चंदन है शीतल बहुत, सर्प रखें संबंध।
मलया गिरि में फैलती, उसकी दिव्य सुगंध।।

चंदन औषधि वृक्ष है, करे त्वचा पर काम।
कैसा भी सर दर्द हो, देता है आराम।।

चंदन से माला बने, मूर्ति बने अनमोल।
इत्र बनाते हैं यहाँ, चंदन की जय बोल।।

मृत शरीर पर डालते, अर्थी पर सब लोग।
चंदन के गुण धर्म से, रहते सभी निरोग।।

चंदन के जंगल जहाँ, होता है इफरात।
लकड़ी के जैसा वहाँ, चंदन भी जल जात।।

जंगल में मंगल करें, कुछ एसे इंसान।
चंदन के तस्कर बहुत, करते हैं नुकसान।।

नीतिगत दोहे

शुभ प्रभात में जागिए, करिए थोड़ा योग।
मिट जायेंगे देह के, जीवन भर के रोग।।

शुभ प्रभात में घूमिए, करिए यथा बिहार।
धीरे-धीरे आपके, बदलेंगे आचार।।

भोजन मैथुन काल हो, या शंका का त्याग।
शिखा खोलना चाहिए, ये है नीति विभाग।।

गौ के खुर जैसा रखें, सर पै शिखा विधान।
यही शुषुम्ना की जगह, कहते हैं विद्वान।।

सच्चे साथी आपके, विद्या गुण व्यवहार।
जिनसे होता देश में, नौ-जवान तैयार।।

माटी के कोठी महल, माटी की यह चोल।
माटी में मिल जायगा, बोला कड़वा बोल।।

याद करेंगे कुछ दिनों, पुण्यतिथी पर लोग।
रह जायेगा आपका, इतना सा उपयोग।।

कहीं धूप छाया कहीं, देता है आराम।
इस जगका माली वही, करता खेल तमाम।।

चेतन इसके मध्य है, जिस पर खड़ा वितान।
जीते जी संबंध हैं, गई स्वाँस शमशान।।

दया प्रेम करुणा छमा, परहित सेवा भाव।
जीते जी सोचा नहीं, चूक गये यह दाव।।

सुख-दुख

सुख-दुख यश अपयश सभी, उसके भेजे दूत।
पाते हैं नर स्वर्ग सुख, कर्मों की करतूत।।

आज सुखी हैं हम सभी, पुरखों के सत्कर्म।
उनसे ही हमको मिले, करुणा दया सुधर्म।।

द्वंदों से ऊपर उठे, जाने अंतर ज्ञान।
सुख दुख दोनों में रहे, मानव एक समान।।

आना जाना रहेगा, सुख-दुख हैं महमान।
कठिन परीक्षा से मिले, सोने को पहचान।।

सुख-दुख सारे द्वंद्व है, यश-अपयश है रोग।
लाभ-हानि या जय मिले, नदी-नाव संयोग।।

तिनका-तिनका जोड़कर, करती घर तैयार।
बच्चे सुख से रह सकें, गौरइया सुखयार।।

गीली आँखें देखकर, होता दुख आभास।
ढलके आँसू गाल पर, बैठ गए सब पास।।

विषयों के अनुराग में, संयम से ले काम।
क्षण भंगुर आनंद में, दुख का भाग तमाम।।

सुख-दुख से ऊपर उठें, करें भजन अभ्यास।
धीरे-धीरे आपको, देगा वह आभास।।

आते जीवन में सदा, करते साज सँभार।
सुख-दुख का जोड़ा बना, आते बारंबार।।

खुशियाँ

खुशियाँ घर में आ गई, खुश है घर परिवार।
बनी मिठाई रस भरी, छक कर खाई यार।।

बनी मिठाई रात भर, बटे खूब उपहार।
किलकारी के गूंज से, खुश है सब परिवार।।

आईं खुशियाँ विश्व में, हुए प्रतिष्ठित राम।
मंदिर आलोकित हुआ, बना राम का धाम।।

सबका ही कल्याण हो, सरस सुहाना भाव।
खुशियाँ पायें इस तरह, जैसे चलती नाव।।

राम लौटकर आ गए, खुशियाँ मिली अपार,
सभी सभासद राम की, करते जय-जय कार।।

घर आँगन में बैठ कर, करें सभी से बात।
तन मन सब सुंदर लगे, खुशियों की बरसात।।

पहिले घर को देखती, फिर जाती बाजार।
औरत के गहने यही, रहे खुशी परिवार।।

सभी ओर खुशियाँ मिलें, करना सभी प्रयास।
जब किसान खुशहाल हो, होगी पूरी आस।।

खुशियों में उछलें नहीं, दुख में नहीं उदास।
द्वंदों से ऊपर उठें, यही बात है खास।।

खुशियों में मन खो गया, भूल गया भगवान।
फिर दुख आया सामने, क्यों होता हल्कान।।

करुणा सागर

करुणा सागर कर दया, बड़े दुखी हैं आज।
भीषण गरमी से दुखी, व्याकुल सभी समाज।।

करुणा कर रक्षा करो, बहुत हुआ है ताप।
धरती धू-धू कर जले, देख रहे हैं आप।।

दया क्षमा करुणा कृपा, ममता सेवा भाव।
औरत के गहने यही, सबसे हो सदभाव।।

करुणा सागर कर दया, बड़े दुखी हैं आज।
भीषण गरमी पड़ रही, व्याकुल सभी समाज।।

करुणा कर रक्षा करो, बहुत हुआ है ताप।
धरती धू-धू कर जले, देख रहे हैं आप।।

माँ की ममता पुत्र पर, सदा लुटाती प्यार।
माँ सागर है प्रेम का, माँ करुणा अवतार।।

प्रभु मेरा सर्वस्व हैं, मेरे प्राणाधार।
करुणा सिंधु कृपा करो, जग के पालनहार।।

प्रेम त्याग करुणा यहाँ, जप तप शुभ हों काम।
प्रेम सहित रहते वहाँ, धर्म निष्ठ प्रभु राम।।

अखिल विश्व मंगल करे, नाम रूप आधार।
काम क्रोध शीतल करे, गुरु करुणा आगार।।

करुणा अब दीजिए, जीवन में कुछ ज्ञान।
अंतर्मुख होकर करें, गुरुवर का यशगान।।

अनहद नाद

मिला खजाना ब्रह्म का, हुआ हृदय का ज्ञान।
नाद ब्रह्म सुनने मिला, देखी ज्योति महान।।

आठों पहर निनाद है, बजे नगाड़ा चंग।
वीणा ढोलक बाँसुरी, घंटा शंख मृदंग।।

सरगम अनहद नाद की, सुनते संत सुजान।
गगन मध्य में बज रही, सुनो लगा कर कान।।

मिला खजाना ज्ञान का, शब्द-शब्द में सार।
आभारी गुरुदेव का, हुआ नाद प्रस्तार।।

नाद अनाहत बजता, बजती ढोलक चंग।
ढोल मजीरा बज रहा, बंशी और मृदंग।।

चंग पखावज बज रहे, वीणा का सुर ताल।
साधक रहता ध्यान में, डर जाता फिर काल।।

बादल की सुन गर्जना, बिजली की चमकार।
होती लीला देव की, मोहित सब संसार।।

षटचक्रों को भेदकर, दिव्य चक्षु को खोल।
चढ़े शुषुम्ना भृकुटि में, वह पल हो अनमोल।।

आठों नौबत बाजतीं, सुन छत्तीसों राग।
ब्रह्म ज्योति दर्शन करो, खुल जायेंगे भाग।।

परम प्रकाशक है वही, पारस उसके पास।
हीरा हरदम लाल है, सोंपो उसको खास।।

चिंता

चिंतन करिए ब्रह्म का, होगा गौरव गान।
चिंता करना छोड़िए, चिंता चिता समान।।

चिंता देती है तपिश, सबको चिता समान।
चिंताओं से दूर रह, रे मूरख नादान।।

दारा घर की स्वामिनी, करती सारे काम।
रात दिवस चिंता करे, उससे है धन धाम।।

चिता अग्नि देकर चला, करता खूब प्रलाप।
गए पिता जी छोड़कर, चिंता मन संताप।।

चिंता चिता समान हैं, इस पर देना ध्यान।
चिंतन कर लेना मगर, चिंता से अवसान।।

दिनकर पूरे वेग से, भेज रहे हैं ताप।
जिससे मानव को हुई, चिंता अपने आप।।

चिंता खाती देह को, चिंतन देता खाद।
चिंता करता आदमी, हो जाता बर्बाद।।

चिंता करती रात दिन, बेटी का हो ब्याह।
घर वर सब अच्छा मिले, इतनी सी है चाह।।

चिंता से चिंतन भला, करता बुद्धि विलास।
शब्दों के विन्यास से, कविता बनती खास।।

चिंता कभी न कीजिए, कर उस पर विश्वास।
उसको चिंता आपकी, पूरी होगी आस।।

कार्तिक

कार्तिक मास पुनीत है, करो नदी अस्नान।
अक्षय पुण्य समेटने, कृष्ण भक्ति रस पान।।

राधा की सब गोपियाँ, होती हैं हल्कान।
कृष्ण छुप गए हैं अभी, साँसत में है जान।।

कतकारी सब खोजती, कहाँ छुपे घनश्याम।
व्याकुल हैं सब गोपियाँ, ढूढें जगह तमाम।।

जिनकी हम हैं दासियाँ, कृष्ण मिलें किस छोर।
गाँव गली में खोजतीं, देखें चारों ओर।।

बंशी बादन कर रहे, बैठ कदम की डार।
आकर्षण को देखकर, मोहित है संसार।

यमुना में इस्नान कर, पूजें कृष्ण मुरार।
कार्तिक पूरे माह ही, पावन है त्यौहार।।

एक माह तक के लिए,यह संकल्पित साध।
गोपी रखती रोज व्रत, बिना अन्न निर्बाध।।

गीत कृष्ण के रोज ही, गाती जातीं भोर।
प्रात काल उठकर गईं, यमुना जी के छोर।।

कुछ कतकारी छेड़ते, करते तर्क वितर्क।
गाते मुक्तक गीत कुछ, मलते मुख मधुपर्क।।

कार्तिक की हो पूर्णिमा, अंतिम है इस्नान।
सारे करते घाट पर, पूजा विधि विधान।।

समय

समय अनोखा आ गया, पूजें भूत मशान।
पत्थर सोने से मढ़े, चेतन हैं हैरान।।

समय व्यर्थ खोता रहा, किया न कोई काम।
जब आई अंतिम घड़ी, गए पिता के धाम।।

दर्शन करने हम गए, आज अयोध्या धाम।
देखा तो पट बंद थे, हुआ समय विश्राम।।

सही समय पर कीजिए, आव भगत सत्कार।
देना सबके साथ में, छोटा सा उपहार।।

बच्चे हम से दो कदम, आगे करें विधान।
अनुमोदन करिए सदा, नेक समय को जान।।

चतुराई छुपती नहीं, फिर भी करते लोग।
चतुर आदमी को लगे, अंत समय बहु रोग।।

काम समय पर कीजिए, शिक्षा सादी व्याह।
खेती होती समय से, करता हूँ आगाह।।

करें समय से शादियाँ, सुख के लिए मकान।
पछताओगे बाद में, आए उमर ढलान।।

इंतजार करता नहीं, समय किसी का आज।
इसीलिए कहता रहा, करो वक्त पर काज।।

भोजन भी हों समय से, तब हो पाचन ठीक।
रस बनकर इस देह में, बनती शक्ति सटीक।।

पुरस्कार

कुछ मिलते मुँह देख के, कुछ चलते हैं दाव।
पुरस्कार बिकने लगे, अब रद्दी के भाव।।

पुरस्कार उन पर जचे, जिनमें हो कुछ बात।
सच्चाई शालीनता, साहित्यिक जज्बात।।

पुरस्कार मिलता नहीं, कलम उगलती आग।
जो करते हैं खुशामद, उनके खुलते भाग।।

पुरस्कार दे हौसला, बढ़ती मन में चाह।
लेखक लेखन की करे, अच्छे से परवाह।।

पुरस्कार है प्रेरणा, देती है अवदान।
जो डूबे गहरे उन्हें, मिलता है सम्मान।।

जिन्हें सियासत का मिला, वरदहस्त अरु प्यार।
उनको हर इक मंच पर, पुरस्कार उपहार।।

स्वयं प्रशंसा तो नहीं, कवि का केवल कर्म।
पुरस्कार मिलते रहें, भूलें भले स्वधर्म।।

पुरस्कार उनको मिले, जो असली हकदार।
उसे नहीं करता सदा, माँ का कारोबार।।

पुरस्कार के वास्ते, करते कई जुगाड़।
अखबारों में देख लो, बैठे झंडा गाड़।।

शासन से मिलता जिन्हें, पुरस्कार का द्रव्य।
उसको आधा बाँटते, बन जाता वह हव्य।।

आत्मा

अजर अमर चेतन रहे, अविनाशी अक्षुणय।
शाश्वत ज्योतिर्मय सदा, आत्मा है कारुणय।।

अस्त्र शस्त्र से कब कटे, जल में नहीं समाय।
नहीं सूखती हवा से, अग्नि जला कब पाय।।

लिए अमरता साथ में, जगमग ज्योतिर्मान।
स्वयं प्रकाशित है हृदय, निज स्वरूप पहचान।।

फटे पुराने वस्त्र का, करते हैं ज्यों त्याग।
उसी तरह यह आत्म है, बदले देह प्रभाग।।

नहीं जन्म लेती कभी, नहीं मृत्यु की भाग।
शाश्वत अरु चैतन्य है, जलता हुआ चराग।।

कितने ग्रंथों को पढ़ो, कितने पूजो देव।
आत्म ज्ञान जाने बिना, रहे निरर्थक सेव।।

आत्म ज्ञान है तत्व से, निज स्वरूप का ज्ञान।
किंतु इसे जाने बिना, नहीं ब्रह्म पहचान।।

आत्म तत्व निर्लेप है, लगे न उसको दोष।
पल-पल वह चैतन्य है, मन करता यह रोष।।

सब्जी बर्तन में पके, बने बहुत स्वादिष्ट।
बर्तन को रस कब मिला, वही हुआ उच्छिष्ट।।

यह तन बर्तन ही समझ, सब्जी ब्रह्म समान।
जिनने रस जाना नहीं, वो पहुँचा शमशान।।

नमामि मातु नर्मदे

माघ शुक्ल की सप्तमी, में तेरा प्राकट्य।
चिर क्वांरी का रूप है, जो अकाट्य है सत्य।।

सतत वाहिनी नर्मदे, विंध्य स्वामिनि मात।
जो तेरे दर्शन करे, भुक्ति मुक्ति पा जात।।

पापहरण मंगल करण, माँ तेरा जलपान।
शिवतनया माँ नर्मदे, महिमा सदा महान।।

मैकल पुत्री नर्मदा, तुमको ये वरदान।
कंकर कंकर है बसे, शंकर शालिग्राम।।

माँ रेवा को मिला है, संतो का वरदान।
पाप मिटा देता सभी, दर्शन और इस्नान।।

सब नदियों के पान से, कटते पाप अपार।
लेकिन माँ के दर्श से, पापों का संघार।।

सब नदियाँ गतिमान हैं, एक दिशा की ओर।
किंतु नर्मदे माँ बहें, उल्टे उल्टे छोर।।

करें नर्मदा परिक्रमा, चुनरी करें प्रदान।
पतित पावनी नर्मदा, सुख वैभव की खान।।

परशुराम का जन्म भी, हुआ नर्मदा तीर।
वह महेंद्र पर्वत रहे, परशु राम रणधीर।।

शिव तनया मैकल सुता, शत-शत तुम्हें प्रणाम।
जन जीवन का मन हरो, जिससे हो कल्याण।।

धारा के विपरीत

जिंदा होकर हैं मरे, जो रहते भयभीत।
मछली चलती है सदा, धारा के विपरीत।।

अपनाना तो थी हमें, सत्य सनातन रीत।
सारी दुनियाँ चल पड़ी, धारा के विपरीत।।

सत्कर्मों से खुश रहो, गाओ मङ्गल गान।
धारा के विपरीत क्यों, जाते हो इंसान।।

धारा के विपरीत जो, चला गया इंसान।
उसको जीवन में मिली, एक नई पहचान।।

मात नर्मदा की अलग, जग से उल्टी रीत।
लीक छोड़ बहती सदा, धारा के विपरीत।।

संघर्षों से जो लड़ा, मिली उसे ही जीत।
वीर सदा चलता रहा, धारा के विपरीत।।

लीक-लीक चलते सभी, गाड़ी और कपूत।
धारा के विपरीत हैं, शायर सिंह सपूत।।

उनका जग में नाम हो, होती उनकी जीत।
लीक छोड़कर जो चलें, धारा के विपरीत।।

धारा के विपरीत थे, वीर सुभाष महान।
अखिल विश्व में पा गए, यूँ अपनी पहचान।।

आजादी की राह थी, धारा के विपरीत।
जो भी शामिल हो गया, उसकी पक्की जीत।।

महाराज छत्रसाल

छत्रसाल ने रखी थी, बुन्देलों की आन।
धूल चटाई मुगल को, भगे बचा के जान।।

जीवन में हारे नहीं, इतने थे बलवान।
बुन्देलों के केशरी, बावन युद्ध प्रमान।।

छत्रसाल को मिला था, ऐसा इक वरदान।
जहाँ जहाँ टापें पड़ें, होगी हीरा खान।।

लाल कुँअर माता रहीं, पितु थे चम्पतराय।
जंगल में पैदा हुए, मोर पहाड़ी आय।।

जब झाड़ी की ओट में, शिशु को दिया छिपाय।
मधुमक्खी छत्ता वहाँ, शहद दिए टपकाय।।

छत्ता सें जीवन मिलो, छत्रसाल था नाम।
गुरु के कृपा प्रसाद से, फते हुए सब काम।।

प्राणनाथ गुरु ने रखा, जब से सर पर हाथ।
वीर शिवाजी को मिला, छत्रसाल का साथ।।

छत्रसाल के राज का, इतना था विस्तार।
इत चंबल सें नर्मदा, टोंक जमुन के पार।।

भूषण का था आगमन, भूल गए ठकरास।
स्वयं पालकी में लगे, प्राणनाथ के दास।।

मउ शहानिया में हुआ, इनका महा प्रयाण।
इस्मारक और म्यूजियम, रक्खे सभी प्रमाण।।

पकवान

गंध यहाँ तक आ रही, बने आज पकवान।
बच्चे खुश त्योहार में, करें खूब श्रमदान।।

गाने की महफिल जमी, छेड़ी सबने तान।
बच्चे बैठे साथ में, खाने को पकवान।।

चटकारे ले खा गए, भैया जी पकवान।
फिर अफरा ऐसा चढ़ा, कर दी बंद दुकान।।

मालपुआ चीला बरा, पापड़ अरु रसखीर।
खुरमी पपड़ी चूरमा, खाड़ पगी अंजीर।।

देशी घी में जब बने, रसगुल्ला नमकीन।
मिली कचौड़ी इमरती, बालू शाही तीन।।

दाल बाटिया और घी, भर्ता चटनी साथ।
लड्डू खाए चूरमा, सब लोगों का हाथ।।

चाउमीन डोसा बने, दही बड़ा फिर पान।
खाने में अच्छे लगें, घर के ही पकवान।।

गुजिया भजिया गुलगुला, चिप्स पपइया खीर।
ज्यादा खा गय पावनें, हुई पेट में पीर।।

मोदक घेवर रसभरी, पेठा मोहनथार।
कलाकंद के साथ में, मिले सेव आधार।।

खुशबू पहुँची नाक में, मुँह से टपकी लार।
आँखों में आई चमक, पंडित करो विचार।।

अंतर घट की पीर

जिसने समझी जीव के, उर अंतर की पीर।
उस घट में प्रगटे सदा, स्वयं राम रघुवीर।।

भारत में फैला बहुत, कटुता का सामान।
अंतर घट की पीर को, सुनिये दया निधान।।

अंतर घट की पीर हो, या विरहा की आग।
जब तक यह मिटती नहीं, तब तक बड़ा अभाग।।

अंतर घट की पीर यह, जीव ब्रह्म हों एक।
अंतर्मुख हो जीव जब, जागे ज्ञान विवेक।।

सब अपने में व्यस्त हैं, कर्णधार श्री मान।
अंतर घट की पीर का, किससे करें बखान।।

रोजगार मिलता नहीं, बालक हैं तैयार।
कैसे होगी शादियाँ, घर बैठे बेकार।।

शासन बाँटे मुफ्त में, राशन पानी नोट।
पढ़े लिखों देंगे उसे, अनपढ़ के लो वोट।।

सबके मन की पीर को, पढ़कर आवे रोष।
शुभ कर्मों वाले दुखी, करते हैं संतोष।।

एक लक्ष्य पर चल रही, भारत की सरकार।
उसे मनाना चाहते, जो ठोकर दे चार।।

व्याकुल है मन आजकल, किसे सुनायें पीर।
कौन सुनेगा आपकी, धारे धरे न धीर।।

रामायण

रामायण संसार का, पावन छंद विधान।
उसके कुछ अभ्यास से, बनते मूढ़ सुजान।।

रामायण का कीजिए, पारायण दिन रात।
विद्या विनय विवेक से, बन जाते अभिजात।।

पढ़ो महा भारत सभी, करके याद गणेश।
गीता से अच्छा नहीं, जीवन का संदेश।।

जन मानस में सत्य पर, गहराए अवसाद।
थोड़ा अध्ययन कीजिए, ग्रंथों का अनुवाद।।

हैं लोचन प्रभु के कमल, दिव्य पुंडरीकाक्ष।
मुख पद कर पंकज सदृश, ग्रंथ बताते साक्ष।।

बैठे राजा राम जी, आज ओरछा धाम।
वह सबका मंगल करें, जो लेते हैं नाम।।

त्याग मूर्ति थी उर्मिला, सोचा यही विकल्प।
चौदह वर्षों तक लिया, सेवा का संकल्प।।

नींद त्याग सोई नहीं, चौदह वर्ष व्यतीत।
आज उर्मिला सा कहीं, मिलता नहीं अतीत।।

लक्ष्मण राधव ने किया, राक्षसों का अंत।
संतों को निर्भय किया, देकर भक्ति अनंत।।

चौदह वर्षों नींद का, लिया एक संकल्प।
लक्ष्मण त्यागी नींद को, सेवा चुना विकल्प।।

निंदा चुगली

करुण कथा सुन आपकी, मन में हुआ विछोभ।
निंदा चुलगी छोड़ दी, काम क्रोध अरु लोभ।।

निंदा रस घातक अधिक, बड़ा भयंकर रोग।
बड़े चाव से हम करें, इस रस का उपयोग।।

चुगली करते देखिए, कितने ही नरमुंड।
निंदा रस में लींन हैं, महिलाओं के झुंड।।

चुगली निंदा में सभी, व्यर्थ लगे हो यार।
इस रस के आनंद से, टूट रहे परिवार।।

निंदा तंद्रा त्याग कर, करो नाम का जाप।
मिट जाएँगे आपके, जीवन के संताप।।

निंदा रस मीठा लगे, पकें नहीं ये कान।
उलझे हैं इस रोग में, कितने ही विद्वान।।

निंदा करते संत जन, देखे कितने आज।
मंचों पर भाषण करें, सुधरे आज समाज।।

निंदा चुगली का लगा, महिलाओं को रोग।
इस रस के आनंद में, उलझे कितने लोग।।

सुनें किसी का यश कभी, लगता तीर समान।
आत्म प्रसंशा में लगे, कितने ही विद्वान।।

निंदक नियरे चाहिए, यह कबीर की बात।
बिन साबुन निर्मल करें, करे जो दृष्टिपात।।

विवेकानंद

चरणों में गुरुदेव के, पाया निज मकरंद।
जो अंदर हमको मिला, वो था परमानंद।।

जिसने अंतस को छुआ, बने रहे स्वच्छंद।
वो नरेंद्र से बन गए, आज विवेकानंद।।

बड़ा सोचिए साथियों, बनना अगर महान।
जैसा तुम सोचो बनो, वैसा ही इंसान।।

दिया शिकागो ने समय, ऐसा किया बखान।
विश्वपटल करता रहा, भारत का गुणगान।।

नमन विवेकानंद को, किया देश का नाम।
याद रहेंगे देश में, उनके सारे काम।।

हे भारत के श्रेष्ठतम, कर्मयोगि निष्काम।
जन्म दिवस पर आपको, शत-शत बार प्रणाम।।

उठो जाग जाओ सभी, करो देश के काम।
गद्दारों ने देश को, किया बहुत बदनाम।।

लक्ष्य हमारा जागरण, भारत का उत्कर्ष।
पुनः प्रतिष्ठा देश की, जन गण मन में हर्ष।।

अंतस चेतनता भरा, रहे ऊर्जावान।
नव युवकों के दिलों में, होवे हिंदुस्तान।।

रहें विवेकानंद से, अनुकरणीय विचार।
राष्ट्र प्रेम हो दिलों में, और बतन से प्यार।।

सदगुरु

कीट भृंग के साथ से, भृंगी बने महान।
सदगुरु पारस जानिए, करलें आप समान।।

जबसे हमनें सौंप दी, जीवन की पतवार।
सागर से गहरा लगा, सदगुरु जी का प्यार।।

इंद्रिय से भी सूक्ष्म है, मन का कारोबार।
मन से बुद्धि विवेक का, बड़ा सूक्ष्म है तार।।

होता बुद्धि विवेक से, परे आत्म का ज्ञान।
सदगुरु बिन होती नहीं, आतम की पहिचान।।

मन की आँखें खोल ले, सदगुरु से ले ज्ञान।
दिव्य रूप इस देह को, हृदय मध्य पहचान।।

सकल गुणों की खान हैं, गुरुवर देते ज्ञान।
पाकर के सानिध्य वह, बनता शिष्य सुजान।।

जो लोहा पारस करे, करिए उसे तलाश।
अंतर्मन में झाँकिए, गुरु हैं दिव्य प्रकाश।।

भवसागर पतवार वह, सदगुरु नाम जहाज।
चौरासी बंधन कटे, गुरुमुख हो जा आज।।

अखिल विश्व मंगल करे, नाम रूप आधार।
काम क्रोध शीतल करे, गुरु करुणा आगार।।

दिव्य चक्षु को खोल दे, गुरु की महिमा ज्ञान।
कागा को कोयल करें, सदगुरु बड़े महान।।

व्यंगपूर्ण दोहे

गधा पंजीरी खा रहे, कौवा खाते मास।
हंसों को मोती नहीं, बगुले हैं सब खास।।

गधा कीमती हो गए, राजनीति में आज।
गायों की कीमत नहीं, सिंह खुजाते खाज।।

गधा पूँछता सिंह से, कहिए हे वनपाल।
कैसा है इस क्षेत्र में, राजनीति का हाल।।

गधों-गधों में हो गई, दारू खोरी खूब।
ढेंचूं ढेंचू बोलते, छोड़ हरीरी दूब।।

जिधर देखिए अब उधर, मिले गधों की फ़ौज।
वैशाखी नंदन कहें, राजनीति में मौज।।

गधा आदमी से सुखी, उन्हें औरती चौज।
लोकतंत में है मजा, गधा छानते मौज

घोड़ों को मिलती नहीं, आज यहाँ पर घास।
गधे मौज में खा रहे, च्यवन ऋषि का प्रास।।

घोड़ों ने पहना बहुत, अपने सर पर ताज।
चीख रहे हैं सब गधे, सुना- सुना कर आज।।

पैरों में जंजीर है, मुँह पर लगी लगाम।
अब घोड़ों की रेस भी, हुई गधों के नाम।।

बनी गधों की यूनियन, हुआ विधेयक पास।
अब कोई घोड़ा नहीं, खा पाएगा घास।।

सत्संग कथा

दिव्य कथा सत्संग में, स्वागत बारंबार।
जीवन का मंगल करो, सेवा का व्रत धार।।

संतो का स्वागत करो, गुरुजन का सम्मान।
दुनियाँ में ऐसे करो, जैसा जिसका मान।।

जीव ब्रह्म दो एक रस, यही तत्व का ज्ञान।
स्वागत जिन जिनने किया, उन्हें हुआ कुछ भान।।

स्वागत में दुनियाँ खड़ी, प्रकृति हुई अनुकूल।
जब सदगुरु ने की कृपा, बरसे नभ से फूल।।

सत संगत से ऊपजें, मन में शुद्ध विचार।
जो यू का स्वागत करे, वो पावे फल चार।।

स्वागत कीजे ब्रह्म का, उसके ही अनुरूप।
जीवन में चाहो कुशल, करो प्रकृति तद्रूप।।

प्रेम करो भगवान से, करो हमेशा याद।
संतो का स्वागत करो, पूरी हो फरयाद।।

सूरज सी करनी करें, प्रकृति रहे अनुकूल
संतो की संगत करें, दुर्गुण जाओ भूल।।

कलयुग के राजा वही, वही भक्त दातार।
उनके चरणों में नमन, करते बारंबार।।

बुद्धि की जड़ता हरे, वाणी होय पवित्र।
चित्र सदा हर्षित रहे संतों के सब मित्र।।

योगी

योगी बैठा ध्यान में, जुड़ा ईश से तार।
राम नाम की लौ लगी, देखी ज्योति अपार।।

बुधि जन संत महंत सब, करते योगी ध्यान।
ब्रह्म नाम के जाप से, बनते सिद्ध सुजान।।

योगी ने धारण किया, गुरुवर से वैराग्य।
जन्म-जन्म के खुल गए, यहाँ हमारे भाग्य।।

योगी का हो आगमन, करें खूब सम्मान।
आसन दे बैठारिए, करिए अस्तुति गान।।

योगी देखे ध्यान में, उस विधना के खेल।
बिना प्रेमरीझे नहीं, यह सिद्धांत अपेल।।

राम नाम की लौ लगी, भजन करे दिन रात।
योगी को क्या चाहिए, स्वयं माँग कर खात।।

वैदिक मंत्रों से करें, सारे यज्ञ विधान।
परंपरा छोड़े नहीं, कोई भी यजमान।।

वेदों के दें उद्धरण, जब प्रवचन दें आप।
डाल गले में गौमुखी, करें मानसिक जाप।।

करनी होती है कठिन, कथनी सरल प्रयोग।
कहें वचन फिर बाद में, करनी देखें लोग।।

ईश-भजन करना सभी, वही जगत का सार।
उमर रेल सी जा रही, पकड़ तेज रफ़्तार।।

नाम ज्ञान

यही निरंजन नाम है, होता अजपा जाप।
साँसों को समझे बिना, सारे व्यर्थ प्रलाप।।

जिस दिन से आरंभ है, चलती है दिन रात।
स्वाँसों की माला यही, समझ रमज की बात।।

कीमत है इस प्राण की, इससे सब व्यवहार।
स्वाँसें जब तक चल रहीं, तब तक हैं सत्कार।।

संगम में इस्नान से, घुलते जैसे पाप।
त्रिवेणी में ध्यान से, दर्शन देते आप।।

जहाँ तिलक बिंदी लगा, करते हो श्रृंगार।
उसी जगह बैठा पिया, सबका सर्जनहार।।

भ्रम में जीते हैं सभी, बनते भक्त सुजान।
आडंबर से रीझते, जो मूरख नादान।।

जिनकी गाँठी नाम है, शब्द ब्रह्म का ज्ञान।
उसका दाता है स्वयं, सदगुरु बड़ा महान।।

चार फलों में ज्ञान है, चारों वेद प्रमाण।
शंख चक्र है हाथ में, गदा पद्म दे त्राण।।

आडंबर में मत पड़ो, समझो कुछ हालात।
कितने हैं जो जानते, गर्भ ज्ञान की बात।

गुरु बैठे हैं जेल में, चेले करें धमाल।
कलयुग का देखो समय, हरदम जेबें लाल।।

सार शब्द

भृकुटि मध्य के ज्ञान की, करें आप तकरीर।
हमें नजर आते नहीं, ज्ञानी संत फकीर।।

जीवन है जिसके लिए, हृदय मध्य भगवान।
कौन बता सकता मुझे, मृग नाभि का ज्ञान।।

शब्दों में उलझे सभी, संत महंत पुराण।
वो खुद शब्दातीत है, चला रहा जो, प्राण।।

नहीं कढ़ाई को पता, उस सब्जी का स्वाद।
करते चर्चा ब्रह्म की, खुद बनते अपवाद।।

श्रोता वक्ता को नहीं, उस विद्या का ज्ञान।
गीता में श्री कृष्ण ने, जिसका किया बखान।।

इड़ा पिंगला सुषुम्ना, संगम मध्य विधान।
जहाँ विराजे खुद स्वयं, जगत पिता भगवान।।

पुष्प मध्य ज्यों बास है, चकमक में ज्यों आग।
घट के भीतर ब्रह्म है, जाग सके तो जाग।।

षट चक्रों को भेदकर, ब्रह्म रंध्र तक खींच।
स्वाँस तुम्हारा प्राण है, इसे प्रेम से सींच।।

घट भीतर बैठा वही, जिस पर टिका वितान।
उसे हृदय में जानकर, करना पड़ता ध्यान।।

मेरे सोने पर मुझे, भेजे चेतन प्राण।
उसको जाने बिन नहीं, जीवन का कल्याण।।

बढता ताप

पेड़ बृक्ष भी जीव हैं, चौरासी में एक।
मानव के हित के लिए, करते क्राम अनेक।।

औषधियाँ इनसे बने, मानव के उपचार।
हम इनको ही काट कर, रहे कुल्हाड़ी मार।।

मिट्टी को दें उर्बरा, रोकें सदा कटाव।
उनसे मिलते प्राण है, हम देते हैं घाव।।

इंर्धन लकड़ी और फल, औषधि पत्ती प्राण।
बृक्षों से मिलता हमें, तापमान से त्राण।।

हरियाली से है खुशी, तन मन रहे निरोग।
नीम के नीचे बैठकर, करते रहिए योग।।

गर्मी के भी असर को, कम करते ये पेड़।
इनके नीचे आदमी, रुकें जानवर हेड़।।

अब गरमी के ताप से, थोड़ी मिली निजात।
आये दिन बरसात के, खूब हुई बरसात।।

ताल तलैयाँ भर गए, दादुर गाँय मल्हार।
सुनने को मिलने लगी, झींगुर की झंकार।।

घर में पानी भर रहा, एसा हुआ विकास।
आयेदिन बरसात के, दिखता नहीं निकास।।

आये दिन बरसात के, तपन हुई निर्मूल।
अब बाहर चुभते नहीं, हमको लू के शूल।।

संत कबीर

जिसने समझी जीव के, अंतर घट की पीर।
उस घट में प्रकटे प्रभू, स्वयं राम रघुवीर।।

कौन कुसेरे में रखे, दाना पानी रोज।
सबके दाता राम हैं, ये कबीर की खोज।।

युग युग में श्री राम का, होगा गौरव गान।
अमर रहेगी कीर्तियाँ, जब तक है दिनमान।।

राम भीलनी के यहां, खाते झूठे बेर।
प्रेम विवश परमातमा, सुने भक्त की टेर।।

रोम रोम में राम हैं, स्वांस स्वांस जप होय।
दिलकी धड़कन राम से, जानत है सब कोय।।

अगर सिया के राम का, अपना लें आदर्श।
तो मर्यादा में रहे, हो चरित्र उत्कर्ष।।

समझा नहीं कबीर को, नानक का संदेश।
बिन जाने ही दे रहे, जनता को उपदेश।।

गीता की मानी नहीं, मन अंकुश की बात।
मानस परायण करें, और लड़े दिन रात।।

बिन भूमि का है महल, जिसमें बैठा राम।
स्वाँस चलाता आपकी, करें आपके काम।।

तंत्र मंत्र सब झूंठ हैं, इनमें नाम न राम।
स्वाँसों की माला जपो, बन जाएँगे काम।।

ब्रह्मज्ञान

शब्द उठे मणिपूर से, ब्रम्हरंध्र तक मार।
दर्शन करे अनंत का, देता सबको तार।।

षट्चक्रों के मार्ग का, है अनंत विस्तार।
चक्र भेद आगे गया, उसे मिला दीदार।।

मौंन मुखर होने लगे, गई शुष्मना जाग।
मन जब शरणागत हुआ, मिटा अनंत अभाग।।

चोट शब्द की मार के, खोला ह्रदयाकाश।
सद्गुरु कि महिमा अनंत, घट में किया प्रकाश।।

महती कृपा अहेतु की, कर दीन्हीं करतार।
मानव का चोला मिला, है अनंत उपकार।।

बड़ी कृपा सद्गुरु करी, अलख लखाया राज।
जो अनंत का पंथ था, पल में पहुंचा आज।।

जब सुनाइ देने लगे, मन वीणा की तान।
अधरों पर खिलने लगे, तब अनंत मुस्कान।।

जब विस्तृत आकाश में, उड़ता है परवाज़।
जोड़े रखती है उसे, अंतस की आवाज़।।

अभी अनंत की यात्रा, करना रह गइ शेष।
बाकी सब तो हो गया, गुरु की कृपा विशेष।।

जो जपता हो नाम को, जग से रहे उदास।
घड़ी दो घड़ी बैठिए, उस साधू के पास।।

पर्यावरण

नदी समंदर लूटते, सारा पानी चूस।
रोओगे माथा पकड़, प्रकृति बनी कंजूस।।

दोहन छोड़ो प्रकृति का, यह तो है वरदान।
पानी साँसें आपकी, मत बेचो नादान।।

नदियाँ जीवन दायनी, वृक्ष प्रकृति आधार।
दोनों का संयोग है, पर्यावरण सुधार।।

मानव जीवन के लिए, देते सबको प्राण।
वृक्ष सदा मंगल करें, मानव का कल्याण।।

वृक्ष सदा करते रहे, धरती का श्रृंगार।
जीवन में यह स्वाँस का, सदा रहे आधार।।

धरती माँ की गोद में, रत्नों का भंडार।
जल जंगल औषधि रहे, जीवन का आधार।।

जल जीवन का तत्व है, तुम इतना लो जान।
व्यर्थ बहाओगे इसे, नहीं बचेंगे प्रान।।

जल से ही उत्पन्न हैं, कुदरत के सब रूप।
हरियाली जंगल नदी, सारे दृश्य अनूप।।

धरती नदियाँ पेड़ हैं, जीवन का व्यक्तित्व।
पर्यावरण बिगाड़ कर, मिटा रहे अस्तित्व।।

जल है जीवन के लिए, उतना ही अनमोल।
जितना तन में स्वाँस का, देखा तुमने मोल।।

अंतर्युद्ध

अंदर बाहर चल रहा, युद्ध नित्य अविराम।
कौन जानता कब मिले, चेतन को आराम।।

अंदर बाहर चल रहा, युद्ध नित्य अविराम।
देख बीच का रास्ता, थोड़ी लगा लगाम।।

अंदर बाहर चल रहा, युद्ध नित्य अविराम।
मन को जीते बिन नहीं, इसका कोई निदान।।

अंदर बाहर चल रहा, युद्ध नित्य अविराम।
गुरुमुख होने से मिले, द्वंदों से आराम।।

अंदर बाहर चल रहा, युद्ध नित्य अविराम।
सुखदुख का मेला लगा, जीता जो निष्काम।।

सब कुछ उसके हाथ में, जन्म मृत्यु विस्तार।
राम भरोसे चल रहा, यह सारा संसार।।

सदा अखिल ब्रह्मांड का, करता जो निस्तार।
राम भरोसे चल रहा, जीवन का व्यवहार।।

मिली किसी को वेदना, और किसी को प्यार।
राम भरोसे चल रहा, सारा कारोवार।।

रोजगार पर जातिगत, लोगों का अधिकार।
राम भरोसे चल रहा, सत्ता का व्यापार।।

सुइ जैसा बारीक है, मूसर जैसा ताव।
राम भरोसे चल रहा, मानव का वर्ताव।।

गुरु की महिमा

गुरु की महिमा है अगम, आदि अनंत अगाध।
गुरु की कृपा विशेष से, वेद पढ़े निर्वाध।।

ईश्वर से मिलता वही, जिसका ह्रदय फकीर।
गुरु समर्थ सब विधी से, काट देत जंजीर।।

माया में उलझे सभी, सन्त महंत महान।
गुरु बिन कब भटकन मिटे, गुरु से ही कल्याण।।

गुरु चाहे तो शिष्य को, पहुँचा दे बैकुंठ।
गुरुबिन सब भटकत फिरें, डाल गले नरमुंड।।

गुरु बिन माला फेरता, गुरु बिन मुक्ति न होय।
गुरु बिन क्या कल्याण है, गुरु बिन भजन न होय।।

गुरु बड़े ब्रह्मांड में, गुरु से बड़ा न कोय।
जो गुरु के अधीन है, धन्य जीवना सोय।।

गुरु माया पीछे पड़े, रहते खड़े कुबेर।
गुरु की मन्सा ज्ञान पै, अन्नकूट के ढेर।।

चोट शब्द की मार के, खोला ह्रदयाकाश।
सद्गुरु कि महिमा बड़ी, घट में किया प्रकाश।।

गुरु की महिमा है अगम, आदि अनंत अगाध।
गुरु की कृपा विशेष से, वेद पढ़े निर्वाध।।

कलियुग में हरिनाम की, महिमा अगम अनंत।
जो सुमिरे हरिनाम को, निर्भय हो वह संत।।

महात्मा गांधी

साबरमती सुहावना, छाया जहाँ बसंत।
सादा जीवन से बने, बापू जैसे संत।।

सत्य अहिंसा के नए, करते रहे प्रयोग।
अपना काम स्वयं किया, खादी का उपयोग।।

साफ सफाई थी प्रमुख, यही दिया सन्देश।
खुद की कमियाँ दूर की, बाद दिया उपदेश।।

नित चरखे पर कात कर, सूत किया तैयार।
उसी सूत के वस्त्र फिर, पहने बारम्बार।।

जब सुराज होगा तभी, होंगे गांव स्वतंत्र।
बने स्वावलंबी सभी, सुद्रढ़ होय यह मंत्र।।

राम राज की कल्पना, होगी तब साकार।
गांधी के सिद्धांत को, मानें जब सरकार।।

रोज बंदना ईश की, नित्य नियम से ध्यान।
पक्के थे सिद्धान्त के, करते थे सम्मान।।

गांधी जी का बांगमय, सत साहित्य विचार।
विश्व पटल पर अमर है, जाने यह संसार।।

पैदल पैदल जब चले, दौड़ लगाते लोग।
लम्बी कदकाठी किया, लाठी का उपयोग।।

अंत समय मुख से कहा, बापू ने हे राम।
राजघाट पर ही किया, बापू ने वि:श्राम।।

भक्ति

प्रथम भक्ति सत्संग है, जो यह करे विचार।
धीरे-धीरे रे मना, पाएगा वह द्वार।।

भक्ति ह्रदय का भाव है, मन का सही रुझान।
श्रद्धा अरु विश्वास का, साँझा अनुसंधान।।

भक्ति भक्त की ओढ़नी, भक्ति संत दातार।
भक्ति अवस्था भाव की, जो डूबा सो पार।।

गुरुजन जब करते कृपा, होंहिं संत अनुकूल।
ज्ञान भक्ति के ह्रदय में, तब खिलते हैं फूल।।

किसे मिलेगा राज पद, कौन भक्ति में लीन।
रूप रंग आयुष सभी, ईश्वर के आधीन।।

चले धर्म पर जो सुजन, उसकी भक्ति प्रशस्त।
रहे धर्म से जो विमुख, उसका सूरज अस्त।।

शनि के कुपित प्रभाव से, जग है हालाकान।
भक्ति करे हनुमान की, सदा बचेगी जान।।

भक्ति सत्य शिव सुंदरम, है वंधन से मुक्त।
जिसने जानी ह्रदय में, दया भाव से युक्त।।

मीरा ने मानी नहीं, गय राणा जी हार।
भक्ति अवस्था भाव की, जो डूबा सो पार।।

भक्ति मिली प्रह्लाद को, ध्रुव बन गये महान।
बाल्मीकि ने पा लिया, भक्ति भक्त भगवान।।

योग भगाए रोग

योग सनातन सभ्यता, योग पुरातन रीत।
योग निरामय जिंदगी, जीवन का संगीत।।

आठ अंग हैं योग के, दो का प्रचुर प्रयोग।
आसन प्राणायाम ही, करते हैं सब लोग।।

प्रात काल मंजन बिना, पियें गुनगुना नीर।
शौच आदि से निवृत हो, हल्का करें शरीर।।

युक्त युक्त भजन करें, करवें युक्त विहार।
शुभ कर्मों से लाभ हो, सब जीवों से प्यार।।

सूर्य नमस्कार प्रथम, शीर्षासन आसान।
बज्रासन पर बैठिये, तन हो बज्र समान।।

चौरासी आसन प्रमुख, करते संत सुजान।
आदि व्याधियों का शमन, हो जाता नादान।।

करें भस्रिका कुछ मिनट, फिर अनुलोम विलोम।
तब कपालभाती करें, महाबन्ध फिर ओम।।

उज्जाई फिर भ्रामरी, कुछ योगा कुछ ध्यान।
मन की चंचलता खतम, फिर जीना आसान।।

सतो गुणी मेधा बने, खुले कुंडली द्वार।
रोम-रोम पुलकित करे, मन की करे सँभार।।

पातञ्जलि ने लिख दिया, सकल योग अष्टांग।
जो कोई इस पर चले, स्वस्थ रहे सर्वांग।।

इतिहास

त्याग तपस्या वीरता, सेवा परहित दान।
भारत के इतिहास में, गुरुओं का सम्मान।।

भारत के इतिहास में, अमर हुआ बलिदान।
क्रांति की ज्वाला बनी, जब झाँसी की शान।।

मिटी सभ्यताएँ कई, डूब गए कइ देश।
भारत का गौरव अमर, इतिहासिक परिवेश।।

हम अपने इतिहास से, सीखें सबक तमाम।
जूठे बेरों में मिले, जब शबरी को राम।।

कुछ तिथियाँ इतिहास में, रखीं जांयगी याद।
या लंका पर विजय हो, सागर से फरियाद।।

गौरव गाथा से जहाँ, भरा पड़ा इतिहास।
उसमें कुछ किरदार थे, जो थे बेहद खास।।

याद रखेंगे हम सदा, जो तिथियाँ हैं खास।
स्वर्ण अक्षरों में लिखा,भारत का इतिहास।।

याद न भूलेंगे कभी, उन तिथियों को आज।
विजय कारगिल की कभी, अभिनंदन की लाज।।

याद करो उस दृश्य को, जलयाँ वाला बाग।
निर्दोषों पर क्रूरता, की गोली के दाग।।

भारत के इतिहास में, जिनका ऋणी समाज।
हैं असँख्य कुर्बानियाँ, जिनपर हमको नाज़।।

कर्म

विघ्न हरो मङ्गल करो, देव कर्म का ज्ञान।
शुभ से जितना लाभ हो, उतना करें प्रदान।।

जीवन में होते उदय, पुण्य कर्म के भाव।
तब होती है साधना, चल पड़ती है नाव।।

मिले कर्म के मर्म से, जीवन में आनंद।
जो सुख चाहो देह को, करो कर्म सानंद।।

भाग्य बदलते देख लो, है कर्मों का खेल।
बिना कर्म चलती नहीं, इस जीवन की रेल।।

किस्मत में जो है लिखा, बन जाता वह लेख।
किंतु कर्म ही काटते, विधिना के आलेख।।

गठरी बना सुकर्म की, जो आएगी काम।
शरणागत हो राम की, मिल जाये आराम।।

सत संगति सद्‌राह है, जो भी जाने मर्म।
जीवन में उससे बने,सदा-सदा सतकर्म।।

पहली पूजा कर्म है, कर्म करे सुख होय।
सत्कर्मों से ही मिले, यश अरु आयुष दोय।।

सत्कर्मों से पुण्य का, नाता बड़ा अटूट।
मिल जाती शुभ कर्म से, जीवन में कुछ छूट।।

सत्कर्मों से ज्ञान का, होता है विस्तार।
निर्मल मन में श्याम का, मिल जाता दीदार।।

गौमाता

मानवता लेने लगी, बेजुबान की हाय।
घर से बाहर हो गई, आज हमारी गाय।।

गौशाला भी हल नहीं, गौचर करें बहाल।
तब सुधरेगा देश में, गौ वंशों का हाल।।

गौ माताएँ सह रहीं, भूख प्यास अरु घाम।
संतों तक सीमित रहे, गौशाला का काम।।

सैंतालिस के बाद से, देखें दस्तावेज़।
गौचर सब कब्जा गए, खबर सनसनी खेज।।

जो हैं जिम्मेवार सब, आखिर वे हैं कौंन।
आज गाय के नाम पर, कर्णधार क्यों मौंन।।

इनको क्यों दिखती नहीं, गौमाता की पीर।
बूचड़खाने बंद हों, तब करना तकरीर।।

गौ के आखोँ से बहे, झर-झर झर-झर नीर।
कब समझेंगे गाय की, दुनियाँ वालो पीर।।

गाय घूमती सड़क पर, हो गई आज अनाथ।
खाने को कुछ भी नहीं, सबने छोड़ा साथ।।

गौचर पर है अतिक्रमण, चरने को दो ठौर।
भारत में तो आज भी, गौ माता सिर मौर।।

कटने को जो इस तरह, जाती रही जनाब।
बच्चों को पढ़ने मिले, केवल एक किताब।।

संयुक्त परिवार

सात पाँच का साथ था, सब करते थे काम।
सुख दुख में सहयोग से, मिलता था आराम।।

बच्चों की हो परवरिश, या शादी का काम।
सबने मिलकर के दिए, बड़े बड़े अंजाम।।

सबके मन उत्साह था, सबके थे अरमान।
मंहगाई ने कर दिए, खड़े सभी के कान।।

रोजगार घर में नहीं, नहीं कोइ सामान।
विखरे गए सपने सभी, विखरे गए अरमान।।

इस वारी तो मिलेंगे, नये नये परिधान।
हम बच्चों का ही नहीं, सबका ये 'अरमान'।।

'उत्सव' आया देखकर, हम सब गए बजार।
मंहगाई के दौर में, हो गय सब लाचार।।

कुछ भी ले पाए नहीं, सबको रहा 'मलाल'।
रोजी रोटी थी नहीं, बुरा हमारा हाल।।

सारे एकल हो गए, अब सँयुक्त परिवार।
मंहगाई ने खा लिए, आज सभी त्यौहार।।

हुआ दिखावे का चलन, लादा सर पर भार।
शान प्रतिष्ठा में हुआ, कर्जदार परिवार।।

पुलक उठा मन आपका, देखा जब परिवार।
बहुत दिनों के बाद में, किया खूब सत्कार।।

राम रमा हर स्वाँस में

जड़ चेतन में व्याप्त है, उसका पावन नाम।
स्वाँसों में जानों उसे, बन जाएँगे काम।।

एक राम घट में रमे, खींचे स्वाँसा डोर।
तुम सो जाते शान से, वो जागे चित चोर।।

रमण करे वो राम हैं, स्वाँसों में अविराम।
उसको जाने बिन नहीं, मिलता है विश्राम।।

कहते शालिगराम हैं, कोई पारस राम।
दिखते राजाराम हैं, होते आतम राम।।

चार राम संसार में,एक तत्व से सार।
उनको जानो हृदय में, होगा बेड़ा पार।।

राम रमापति रम रहे, सब घट आठों याम।
स्वाँस स्वाँस में चल रहा, उनका पावन नाम।।

राम ब्रह्म परि पूर्ण हैं, राम जगत आधार।
रामनाम का जाप कर, हो जाते भव पार।।

सकल सृष्टि में रम रहा, जिसका पावन नाम।
राम दूत ने जब जपा, मिला अनूपम धाम।।

गठरी बना सुकर्म की, जो आएगी काम।
शरणागत हो राम की, मिल जाये आराम।।

सत संगति सद्राह है, जो भी जाने मर्म।
जीवन में उससे बने, सदा-सदा सतकर्म।।

आँवला नौमी

आँवल नवमी में हुआ, द्वापर का प्रारंभ।
शुक्ल पक्ष का कार्तिक, विष्णुः पूजारम्भ।।

चार मास के शयन से, जागे इस दिन देव।
अक्षय नौमी पर्व पर, करते पूजा सेव।।

औषधि से संयुक्त है, अमरित जैसा सार।
स्वर्गलोक का बृक्ष है, धरती पर निस्तार।।

च्यवन ऋषी के प्राश से, मिलता है आरोग।
बने आँवले से सुखद, औषधि का संयोग।।

बना मुरब्बा आँवला, सेहत से भरपूर।
इसके चूरण औषधी, रोग भगाए दूर।।

आज परिक्रमा कीजिए, आप एक सौ आठ।
मनो कामना पूर्ण हो, दें लक्ष्मी जी ठाठ।।

पुत्र कामना के लिए, करिये पूजा पाठ।
इन्छा नौमी पर मिलें, जीवन के सब ठाठ।।

पेड़ छाँव में बैठकर, भोजन करिये आप।
जीवन के मिट जायगे, सारे ही संताप।।

रक्त शर्करा में मिले, सेवन से आराम।
प्रतिरक्षा क्षमता बड़े, आय सभी के काम।।

इस पूजन से विष्णु जी, दें अक्षय सम्मान।
धरती पर देती सदा, लक्ष्मी जी वरदान।।

शिक्षक दिवस

अक्षर ज्ञान सिखा दिया, बना दिया विद्वान।
गुरुका ऋण हमपर चढ़ा, हम मानें अहसान।।

शिक्षक जग की रोशनी, जीवन का आधार।
शिक्षक से हमको मिला, ज्ञान बुद्धि का द्वार।।

संस्कार हमको दिए, दिया पिता सा प्यार।
माटी के इस जीव को, दिया एक आकार।।

शिक्षक ने विद्या दिया, सबको एक समान।
कोइ देश लीडर बना, कोइ बना विद्वान।।

है समाज हित के लिए, शिक्षक का ही त्याग।
जिसमें सारे गुण निहित, और देश अनुराग।।

शिक्षक ने बच्चे लिए, दिया शब्द का ज्ञान।
खोली आँख विवेक की, बना दिया इंसान।।

वह प्रकाश के पुंज हैं, देते हैं वह ज्ञान।
अंधकार से वह लड़े, बना दिया इंसान।।

दुनियाँ में देखे गये, अब तक जो परिणाम।
शिक्षक इसकी मूल जड़, के सारे आयाम।।

बनिए सच के सारथी, भले कठिन हो राह।
जीवन में संघर्ष की, कौन करे परवाह।।

बनूँ सिपाही कलम का, लिखूं किसी की पीर।
कलम रहेगी हाथ में, यह अपनी तकदीर।।

इंद्र धनुष

दुनियाँ भर में रंग का, फैला कारोबार।
रंगों में चाहत बसी, रंगों में संसार।।

पशु पक्षी कीड़े विविध, रंगों के पर्याय।
हरियाली फल फूल के, रंग बने आधार।।

कपड़ों के बाज़ार में, रंगों की पहिचान।
सतरंगी मिल जायगें, कितने ही परिधान।।

सूरज की किरणें पढ़ीं, बूंदों के दरम्यान।
इन्द्रधनुष का हो गया, सतरंगी परिधान।।

कविगण हैं सत रंगिया, इन्द्रधनुष से गीत।
रंग रँगीली सज गई, महफ़िल यूँ मनमीत।।

रंगों के भी अर्थ हैं, रंगों का विज्ञान।
रंगों के संकेत हैं, रंगों की पहिचान।।

रंगों में उलझें हुए, हैं दुनियाँ के लोग।
रंगों की दुनियाँ अलग, रंगों का उपयोग।।

रंग बिरंगी तितलियाँ, मन को भातीं आज।
विविध रँगों में देखिए, कितने ही परवाज।।

रंग बदलना सिखाते, ये गिरगिट महराज।
तरबूजे को देखकर, रंग बदलते आज।।

स्वयं मोर के पास में, रंगों का संसार।
रँग जीवन की चेतना, बाकी सभी असार।।

भोले शंकर

गंगाधर भोले कहें, नीलकंठ है नाम।
पिया हलाहल आपने, आए शुभ परिणाम।।

आदि देव शंभु तुम्हें, शत-शत बार प्रणाम।
आशुतोष शंकर सदा, सब देवों के धाम।।

महाकाल संकट हरो, करो कृपा की कोर।
नंदी गौरा के सहित, देख हमारी ओर।।

त्रभुवन में तुमसा मिले, अवढरदानी कौन।
सब देवों के देव हो, महादेव हैं मौन।।

सदा समाधी में मगन, करें विश्व कल्यान।
नीलकंठ गंगा धरें, भूतों के भगवान।।

कंकर-कंकर में यहाँ, शिव शंकर का प्यार।
सावन में आओ कभी, धुलते सभी विकार।।

सावन की काली घटा, रिमझिम पड़े फुहार।
सखियाँ झूला झूलतीं, गावें राग मल्हार।।

उनका जीवन धन्य है, जिनको शिव से प्यार।
पावन सावन में कभी, बोलो जय-जय कार।।

सावन में लगने लगी, भोले की जय कार।
कॉवड़िया सब चल पड़े, करने आज गुहार।।

भोले बाबा ने किया, जन-जन का कल्याण।
युगों-युगों से दे रहे, जन मानस को त्राण।।

श्रद्धा भक्ति

भक्ति ह्रदय का भाव है, मन का एक रुझान।
श्रद्धा अरु विश्वास का, साँझा अनुसंधान।।

मन के अंतर्द्वंद्व का, पहले करो निदान।
ज्ञान गुरू का गुप्त है, जो करता कल्याण।।

ज्ञान पंथ के मर्म को, जिसने जाना नाहिं।
ये बाहर खोजत मरा, वो बैठा घट माँहि।।

मीरा ने मानी नहीं, गय राणा जी हार।
भक्ति अवस्था भाव की, जो डूबा सो पार।।

भक्ति मिली प्रह्लाद को, ध्रुव बन गये महान।
बाल्मीकि का हो गया, जीवन का कल्यान।।

भक्ति स्वतंत्र स्वरूप है, है वंधन से मुक्त।
जिसने जानी ह्रदय में, दया भाव से युक्त।।

गुरुजन जब करते कृपा, होंहिं संत अनुकूल।
ज्ञान भक्ति के ह्रदय में, तब खिलते हैं फूल।।

तत्व ज्ञान ही जीव की, पूरी करता आस।
जाने आतम ज्ञान को, कर आतम विश्वास।।

दान उसे मत दीजिए, करे सुरा का पान।
यह अपना कर्तव्य है, मिले पात्र को दान।।

यह विवेक खुद ही जगे, जगे सभी का ज्ञान।
सत्य सनातन कार्य में, लगे हमारा दान।।

माँ गङ्गा

भागीरथ ने तप किया, गंगा हुईं प्रसन्न।
पितरों की मुक्ति हुई, मिला धरा जल अन्न।।

गंगा जीवन दायनी, आती सबके काम।
गङ्गाजल को पानकर, मिटते पाप तमाम।।

पावन निर्मल बह रही, करने को कल्याण।
गङ्गा धारा स्वर्ग की, देती सबको त्राण।।

गङ्गा तीर्थ स्वरूप है, बहती है अविराम।
गङ्गा जी घाट पर, सारे पावन धाम।।

शंकरजी की जटा से, शुरू हुआ निस्तार।
गोमुख से प्राकट्य है, बाद हुआ विस्तार।।

गङ्गा का संगम हुआ, यमुना जी के साथ।
सरस्वती सत्संग की, करती हमें सनाथ।

गङ्गा यमुना सर स्वती, संगम पावन धाम।
इड़ा पिंगला सुषुम्ना, बना त्रिवेणी नाम।।

ध्वजा नारियल फूल फल, और जलाऊँ दीप।
गंगाजल अर्पण करूँ, माँ के गाऊँ गीत।।

गंगा के दर्शन करूँ, प्रति दिन दीपक दान।
चूनर लाल चढ़ा सकूँ, इतना देना मान।।

पापों का करती शमन, देती सबको त्राण।
कल-कल बहती जा रही, करने को कल्याण।

तुलसी

हर घर में तुलसी घरा, है आँगन की शान।
सुबह शाम दीपक रखें, भारत की पहचान।।

श्यामा तुलसी है कहीं, रामा का यह धाम।
वैष्णव जन पूजा करें, सादर करें प्रणाम।।

तुलसी शालिग्राम का, होता यहाँ विवाह।
परम्परा का देश यह, जिसकी है परवाह।।

औषधियों में भी प्रमुख, है तुलसी का नाम।
तुलसी माता भी कहें, करते सभी प्रणाम।।

तुलसी दल डाले बिना, लगता नहीं प्रसाद।
चरणामृत में भी पड़े, पन्चामृत में वाद।।

ग्रहण पड़े जब भी यहाँ, भोजन पानी डाल।
तुलसी के पड़ते सभी, हैं निर्दोष निहाल।।

तुलसी यह पौधा नहीं, हम सबका है प्राण।
तुलसी बिन जीवन नहीं, सब कुछ है निष्प्राण।।

ब्रत करते जो वैष्णव, कटते उनके पाप।
तुलसी दल सेवन करें, हो जाते निष्पाप।।

विष्णुप्रिया वा हरिप्रिया, तुलसी के दो नाम।
दोनों ही मङ्गल करें, रहें सभी घर धाम।।

तुलसी पूजा सब करें, कार्तिक माह विशेष।
तुलसी की पूजा करो, रहे न कुछ भी शेष।।

तुलसी शालिग्राम

हर वैष्णव के घर में, तुलसी का अस्थान।
सुबह शाम पूजा करें, घर के सब यजमान।।

कातिक की एकादशी, शुक्ल पक्ष में आज।
ग्यारस की पूजा हुई, होंगे अब शुभ काज।।

तुलसी शालिगराम का, होगा आज विवाह।
सारे शुभ मङ्गल सगुन, फिर होंगे निर्वाह।।

आज जागरण देव का, खोलेगा नव द्वार।
अब से होंने लगेंगे, घर-घर मङ्गल चार।।

माँ वृन्दा थी पतिवृता, शंख चुर्ण अनुराग।
विष्णू ने छल पूर्वक, छीना एक सुहाग।।

वृन्दा पतिव्रत धर्म की, शक्ती बड़ी अपार।
देव लोक में मच गया, उससे हाहा कार।।

वृन्दा ने जगदीश को, दिया अनोखा श्राप।
काला पत्थर बनोगे, एक शिला में आप।।

तब वृन्दा तुलसी बनी, विष्णू शालिग राम।
दोनों का पाणी ग्रहण, शुभ मङ्गलअभिराम।।

तब से घर तुलसी घरा, तुलसी पूजन आज।
शंखध्वनी से शुभसगुन,घरमें मङ्गल काज।।

तुलसी देती सुख सभी, तुलसी औषधि रूप।
इसके सब उपयोग हैं, सुंदर दिव्य अनूप।।

विवाह

शुभ विवाह तब जानिए, मिले वधू अनुकूल।
ग्रह मैत्री नाड़ी मिले, वर्ण न हो प्रतिकूल।।

सम समधी दोनों मिलें, निभे जगत व्यवहार।
शुभ विवाह मंगल बने, नव दम्पति मैं प्यार।।
पूँछा प्रश्न कबीर से, क्या हम करें विवाह।
दिन में दीपक माँग कर, ली लोई की थाह।।

जो विवाह निर्विघ्न हो, कृपा ईश की जान।
दो परिवारों का मिलन, हुई नई पहिचान।।

कुछ विवाह को तरसते, जैसे तलफत मीन।
कहते हम सब भोग लें, चहिए बहु कुलीन।।

जो विवाह से तुष्ट है, उसका करो विवाह।
नमक तेल आटा दवा, सीख सके निर्वाह।।

जन्म-जन्म का साथ है, जो वर मिले कुलीन।
सुख समृद्धि भी मिले, सुख की बाजे बीन।।

राम जानकी सा अमर, हो सबका अहिबात।
जब तक गंगा जल बहे, मिले प्रेम सौगात।।

धान बुआई है यहाँ, यह संकेत प्रमाण।
पौधा पहले रोपकर, फिर लगती है धान।।

जो जन अब तक दूर हैं, वह बन गए महान।
अब्दुल योगी या अटल, मोदी जग की शान।।

किलकारी

दुनियाँ से वह बेख़बर, सुंदर एक विधान।
किलकारी गूंजे सदा, खिली रहे मुस्कान।।

नारी जीवन का सुखद, कोमल सा अहसास।
बच्चों की किलकारियाँ, रहें हमेशा खास।।

माँ बनना सौभाग्य है, जननी है भगवान।
मोद भरीं किलकारियाँ, लाखों पुण्य समान।।

बच्चों की नटखट अदा, और तोतली बात।
किलकारी से गूंजता, आंगन औ अहिबात।।

किलकारी सुनके सभी, भूलें अपना भान।
मन विभोर करते सदा, बच्चे ईश समान।।

काश बनें बच्चों सदृश, निर्गुण अरु निष्काम।
मानव जीवन का यही, सफल सुखद परिणाम।।

सुबह शाम दीपक जले, गाय बंधी हो पास।
आँगन में किलकारियाँ, हो लक्ष्मी का बास।।

सुनें कान किलकारियाँ, छोड़ें सारे काम।
दादा दादी की खुशी, का बस यही मुकाम।।

शिशु आँखों में देखती, माँ अपना संसार।
आँखों का तारा बना, करती खूब दुलार।।

बच्चों को पहिले खिला, करती घर के काम।
जीवन में माँ ने कभी, किया नहीं आराम।।

बचपन

बचपन खेलों में गया, और जवानी सोय।
बीते दिन लौटे नहीं, अब काहे को रोय।।

रही जवानी मौज की, किया हास परिहास।
बीते दिन लौटे नहीं, कितना करो प्रयास।।

देख बुढ़ापे की दशा, आई प्रभु की याद।
बाते दिन लौटे नहीं, लाख करो फ़रयाद।।

कितनी प्यारी नींद थी, होंठों पर मुस्कान।
लगते थे प्यारे सभी, नन्हीं सी थी जान।।

मनमौजी अलमस्त थे, बचपन में सब लोग।
बड़े हुए लगने लगे, माया के सब रोग।।

बचपन है हीरा सदृश, और जवानी स्वर्ण।
रजत बुढापे का पटल, अंत लौह का पर्ण।।

निश्छलता उन्मुक्तता, मनमौजी निष्काम।
बचपन असली जिंदगी, बचपन है अभिराम।।

खेल कूद में मस्त हैं, करते थोड़ा योग।
बचपन सोनें की खुरी, सबके सभी निरोग।।

पानी में हम खेलते, होती जब बरसात।
तब कागद की नाव से, करते थे उत्पात।।

कंचों की अठखेलियाँ, अरु पतंग की लूट।
पहले करते नाश्ता, फिर मिलती थी छूट।।

चाय

चाय बनाते वक्त जब, आई उनकी याद।
फिर अदरक कूटा गया, बड़ी हुई फरियाद।।

चाय बनाकर दी गई, तुलसी अदरक साथ।
बस इतनी सी बात पर,आज मिल गए हाथ।।

रिश्ता अपना चाय से, रहता सुबहो शाम।
तन मन की सुस्ती हरे, दे मन को आराम।

रिश्ता हो गर चाय से, लोगों से सम्बंध।
बड़े प्रेम से कीजिये, बड़े-बड़े अनुबंध।।

चाय बनाना सीख लो, कब आ जाए काम।
हम तुम दोनों बैठ के, लें थोड़ा आराम।।

चुस्की अपनी चाय की, दुनियां में मशहूर।
पीते है सब स्वर्ग में, सात समंदर दूर।।

तुलसी अदरक लोंग भी, डालो अगर जुकाम।
चाय दूध की चाय से, मिलता है आराम।।

खूब बनाए दोस्ती, खूब बढ़ाए प्यार।
चर्चे होते चाय पर, तो बढ़ता व्यापार।।

मौसम हो बरसात का, मिले पकौड़ी साथ।
गरम चाय का जायका, हाथों में हों हाथ।।

भजिया खाने का मजा, बारिस हो जब तेज।
चाय पकौड़ी की खबर, बने सनसनी खेज।।

सागर

सागर से गहरा बहुत, सद्गुरु जी का प्यार।
जिसको पाकर शिष्य जन, होते भव से पार।।

सागर से सीखें सभी, समरसता का ज्ञान।
जो भी आये शरण में, उसको दें सम्मान।।

सागर बनने के लिए, ये गुण होते खास।
जो विशाल गम्भीर हो, सब कुछ उसके पास।।

लहरों में उलझे रहे, गये न सागर पार।
किया नहीं हरि का भजन, साधन किये हजार।।

सागर से गहरा वही, धरती सा गम्भीर।
दुनिया का मालिक वही, उसे सभी की पीर।।

सागर में गहरे बहुत, रहते जीव अनंत।
उनकी दुनिया है अलग, सागर का कब अंत।।

सागर में लहरें उठें, दिल में उठे हिलोर।
ईश्वर तो उसको मिले, जो है भाव विभोर।।

सागर के अंदर स्वयं, रहते रत्न अपार।
जिनने खोजा पा गए, जिन्हें लगन वा प्यार।।

सागर से बादल बनें, बादल से बरसात।
उससे फिर नदियाँ बनें, सभी एक ही जात।।

जो अनंत जलराशि का, है अथाह भंडार।
वो पवित्र सागर सदा, देता पाँव पखार।।

डा. अंबेडकर

भीमराव अंबेडकर, बने मसीहा आज।
नतमस्तक है हिंद का, पूरा लोक समाज।।

संविधान में लिख दिया, समता का अधिकार।
पाया पूरे देश ने, मानवता का प्यार।।

शोषित पीड़ित वर्ग में, बंचित दलित किसान।
संविधान ने दे दिया, उनको जीवन दान।।

छुआ छूत को खत्म कर, बने बुद्ध के दास।
बाबा साहिब बन गए, सबके खासमखास।।

कृष्णा जी अंबेडकर, ब्राह्मण गुरु दयाल।
देकर के सर नेम को, गुरु ने किया निहाल।।

पढ़ने का अवसर दिया, राजा गायकवाड़।
भीमा जी सकपाल की, विद्वत्ता को ताड़।।

दुनियाँ में सबसे अधिक, पढ़े लिखे विद्वान।
संविधान कानून का, उन्हें अधिक था ज्ञान।।

शादी सविता से हुई, ब्राह्मण कुल की देन।
गए तथागत की शरण, मिला वहां सुखचैन।।

संविधान में लिख गए, लोकतंत्र का सार।
जन मानस को तब मिला, शिक्षा का अधिकार।।

अनुच्छेद में लिख गए, लोकतंत्र का मंत्र।
आज सैकड़ों साल तक, चले प्रशासन तंत्र।।

संत नामदेव

नामदेव जी संत थे, या अलमस्त फकीर।
भक्तिभाव में लीन थे, या फिर कोई पीर।।

उनके किस्से हैं बहुत, मस्ती के मशहूर।
समदर्शी थे संत वह, मन माया से दूर।।

रोटी बना रखी गई, लेकर भागा श्वान।
घी थोड़ा ले जाइए, एक नूर दो जान।।

मेरी तेरी रूह की, शक्ति चेतना एक।
चमड़े दोनों हैं अलग, थोड़ा अलग विवेक।।

समदर्शी थे संत वह, ब्रह्म ज्ञान मैं लीन।
वीणा वादन में रहे, वह अलमस्त प्रवीन।।

जर्रे जर्रे में दिखा, परम पिता का नूर।
भक्ति भाव में पा गए, हुए बड़े मशहूर।।

पंढ़रपुर के बिठोवा, प्रगट किए थे आप।
विठ्ठल का करते रहे, सारे जीवन जाप।।

कन्या ब्राह्मण संत गौ, होते जब बेहाल।
पाप बोझ से तब धरा, होती बहुत निढाल।।

जल जीवन का प्राण है, वृक्ष यहाँ परिधान।
दोनों की रक्षा करो, कहते संत सुजान।।

संत सदा मंगल करें, जीवों का कल्याण।
उनकी करनी से मिले, सब जीवों को त्राण।।

सावन

रिमझिम बारिश हो रही, घटा घिरी घनघोर।
बादल आता देखकर, नाच रहा मन मोर।।

सावन में रिमझिम गिरे, मौसम है चित चोर।
दादुर झींगुर बोलते, करते नित ही शोर।।

सूरज आया पूर्व से, हुई सुहानी भोर।
पंछी कलरव कर रहे, नाच रहे हैं मोर।।

नभ में चमके दामिनी, कौंध गई चहुँ ओर।
मेघ गर्जना कर रहे, हवा चले पुरजोर।।

प्यासा हूँ रटता रहा, देखे चारों ओर।
बूँदें गिरती देख कर, चातक भाव विभोर।।

पूरव की बदली हवा, गिरने लगी फुहार।
सावन लेकर आ गया, राखी का त्यौहार।।

बादल धरती से मिला, हरित हुई सब देह।
सावन में काँवड़ चली, बरसे जमकर मेह।।

सावन में लगने लगी, भोले की जयकार।
काँवड़ ले के चल दिए, उनके भक्त हजार।।

रिमझिम रिमझिम गिर रही, पानी की जलधार।
सावन लेकर आ गया, राखी का त्यौहार।।

सावन में झूले पड़े, कजरी गाते लोग।
आल्हा की तानें सुनी,भाग गए सब रोग।।

पावस

चमक रही सौदामिनी, घिरी घटा घनघोर।
बरस रही है बदरिया, हुआ जगत में शोर।।

जब कौंधी सौदामिनी, अँधियारी थी रैन।
गिरी कहीं जब पेड़ पर, रहा बहुत बेचैन।।

इंद्रधनुष विद्युत छटा, धरती पर दिन रात।
सब कुदरत के खेल हैं, धूप छाँव बरसात।।

चमक रही है दामिनी, विकट अँधेरी रात।
ऊपर से होने लगी, बड़ी तेज बरसात।।

तपती धरती देखकर, बरसा कइ कइ बार।
धरती ने धारण किये, बादल के उपहार।।

शीत घाम बरसात हैं, ज्यों मौसम के रंग।
धरती ने धारण किये, त्यों उत्साह उमंग।।

झूला झूलें राधिका, सखी करें मनुहार।
बंशी की धुन में बजे, पावस राग मल्हार।।

बारिश करने के लिए, बादल चले सदेह।
धरती खुश है देखकर, बालम आए गेह।।

रिमझिम बारिश हो रही, गरज रहे हैं मेह।
भीग रहे हैं खेत सब,घर आंगन अरु देह।।

मेंढक जी खुश हो रहे, गावें कजरी गीत।
बूंदों के संगीत में, झींगुर खोजें मीत।।

बादल

बिजली की तड़ तड़ सुनी, हुआ मुझे संदेह।
गाज गिरी होगी कहीं, बरस रहे हैं मेह।।

बादल पर्वत से सटे, बरस रहा है नेह।
कुदरत का लेने मजा, कभी जाइए लेह।।

बादल की सुन गर्जना, बोले कुछ नासेह।
अब बाहर मत जाइए, ऐसा ही है लेह।।

जड़ी बूटियों से बना, खाया जब अवलेह।
बादल की गर्जन हुई, ताकत फूटी देह।।

बादल से वसुधा करे, अपनी आर्त पुकार।
जन–जीवन व्याकुल यहाँ, करते सभी गुहार।।

प्यासा है चातक अभी, टेर लगाता नित्य।
व्याकुल हैं पंछी सभी, क्रोधित है आदित्य।।

आसमान को देखता, आशा करे किसान।
बादल कब बरसें यहाँ, रोपें अपनी धान।।

आसमान में छा गए, काले बादल आज।
हर्षित हुआ किसान अब, खुश है सभी समाज।।

सूर्यदेव भी छुप गए, पा बादल का साथ।
बारिश की उम्मीद है, जोड़ रहे हैं हाथ।।

हुआ मगन सारा शहर, आई जब बरसात।
दौड़ रहे हैं आदमी, भींग रहे हैं गात।।

नव संवत्सर

चैत शुक्ल की प्रतिपदा, है हिन्दू नव वर्ष।
इस दिन सभी मनाइये, नये वर्ष का हर्ष।।

बासन्ती नवरात्रि से, है इसकी शुरुआत।
राम नोंमि तक हर्ष का, उत्सव है अभिजात।।

सूर्योदय से आज ही, हुआ स्रष्टि आरंभ।
ब्रह्मा जी ने करदिया, रचना का प्रारंभ।।

राजा विक्रमादित्य से, शुरू हुआ यह काल।
विक्रम संवत चल पड़ा, कटा सभी जंजाल।।

प्रभु राम को इसी दिन, मिला अवध का राज।
रामराज इस्थापना, से खुश हुआ समाज।।

गौतम ऋषि का जन्म दिन, मिला युधिष्ठिर राज।
ऋतु बसन्त का आगमन, हुए सुगंधित साज।।

फसल पकी हर्षित हुआ, अपना आज किसान।
शुभ नक्षत्रों में बने, फिर सबके परिधान।।

शुभ मुहुर्त आये सभी, हुआ सुमङ्गल गान।
भक्ति शक्ति वा मुक्ति को, मिला आज वरदान।।

दयानंद का दिन यही, जन्में झूले लाल।
गुरु जी अंगद देव ने, सबको किया निहाल।।

शालीबाहन का हुआ, दक्षिण में विस्तार।
किया पराजित हूँण को, बोलो जय-जय कार।।

सूर्य नमस्कार

हाँथ जोड़कर खड़े हों, हो समक्ष दिनमान।
भौंह मध्य में देखिए, करें मित्र का ध्यान।।

स्वाँस भरें पीछे झुकें, तानें दोनों हाथ।
ध्यान विशुद्धि चक्र पर, हाँथ मिले हों साथ।।

स्वाँस निकालें फिर झुकें, घुटनों पर सर टेक।
देखें मणिपुर चक्र को, घुटना झुके न एक।।

स्वाधिष्ठान विशुद्धि का, करें आप जब ध्यान।
खींचें बायें पैर को, अपना सीना तान।।

अब पीछे ले जाइये, अपना दाँया पैर।
और नितम्ब उठाइये, सहस्त्रार की सैर।।

करें दण्डवत लेटकर, जरा नितम्ब उठाय।
जाँय अनाहत चक्र पर, अपना ध्यान लगाय।।

फन उठाय विषधर बनें, आसन सर्प समान।
खींचें मूलाधार को, वहीं टिका दें ध्यान।।

अब फिर माथे से छुयें, दोनों घुटने आप।
मणीपूर का ध्यान कर, करें नाम का जाप।।

स्वाँस भरें ऊपर करें, तानें दोनों हाथ।
पीछे को झुक जाइये, ध्यान कमर के साथ।।

आँख बंद कर आप जब, करें सवित का ध्यान।
तभी निरोगी करेंगे, तुमें भानु भगवान।।

माँ जननी

सबकी जननी है वही, गुरु हो या भगवान।
माँ जैसा कोई नहीं, दुनियाँ में इंसान।।

माँ है जन्नत से बड़ी, माँ ही है भगवान।
माँ मिलना सौभाग्य है, रे मूरख नादान।।

संकट टाले पूत के, जान न पाया कोय।
वृद्धाश्रम में माँ पड़ी, फिर सुख कैसे होय।।

माँ जननी इंसान की, माँ ही पालनहार।
दुग्धामृत पी के हुआ, ये जीवन गुलज़ार।।

जिसके चिंतन में रहा, सदा हमारा ध्यान।
उस माँ के अहसान का, कैसे करूँ बखान।।

माँ से जो तुमको मिला, जीवन का उपहार।
माँ का ऋण उतरे नहीं, करलो जतन हजार।।

छमा दया करुणा कृपा, मानवता का ज्ञान।
संस्कार व्यवहार की, माँ से है पहिचान।।

आई है नव रात्रि माँ, आओ मेरे द्वार।
हे दुर्गा माता जया, तुमसे यह संसार।।

अब माँ अपने दास पर, करो कृपा की कोर।
दया दृष्टि रखिए सदा, देखो मेरी ओर।।

चरण शरण में लीजिए, हरिए माँ अज्ञान।
सुधा मयी करिए कृपा, हम ठहरे नादान।।

मर्यादा

मर्यादा बन्धन सही, कभी नहीं बेकार।
घर के बाहर जाइये, कलुषित है संसार।।

लक्ष्मण रेखा पार कर, गईं जानकी मात।
इतने में छल हो गया, हुआ ह्रदय पर घात।।

उमा नहीं मानी गईं, राम परीक्षा लेन।
इतनेमें सब छिनगया, जीवन का सुख चेन।।

शिव ने रोका तब गईं, उमा पिता के पास।
सभी कोप भाजन बने, आज बना इतिहास।।

मर्यादा सबके लिए, नारि पुरुष नहिं भेद।
जो इसके बाहर गया, उसके सुख में छेद।।

मर्यादा में हैं सभी, सागर भू आकाश।
मर्यादा मानीं नहीं, रावण हुआ विनाश।

मर्यादा की वेदिका, मानो सही विचार।
बड़े कभी जो भी कहें, उसे करो स्वीकार।।

अगर सिया के राम का, अपना लें आदर्श।
तो मर्यादा में रहे, हो चरित्र उत्कर्ष।।

जिसने देखा ही नहीं, अपना स्वर्ण अतीत।
उसको कैसे हो पता, मर्यादा की रीत।।

सत्य सनातन में बड़ा, मर्यादा व्यवहार।
सदा प्रेम करुणा क्षमा, सेवा अरु सत्कार।।

सत्य

जिसने जीवन में किया, सत्य सुधा का पान।
वो कबीर मीरा बने, या तुलसी रसखान।।

जीवन में जब सत्य का, होता है संधान।
स्वयं प्रकट होता वहाँ, अविनाशी भगवान।।

जीवन में एकांत का, जब भी बने विधान।
अंतर्मुख होकर करें, सत्य सुधा का पान।।

सत्य सुधा दोनों अमर, दोनों हैं अनमोल।
इनके बिन चलता नहीं, जीवन का भूगोल।।

सुधा सुधाकर से झरे, करता साधक पान।
ब्रम्ह रंध्र में सत्य की, जो करता पहचान।।

बनिए सच के सारथी, करिए अनुसंधान।
सदा सत्य की राह में, आते हैं व्यवधान।।

बोओगे गर फूल को, नहीं मिलेंगे खार।
बनिए सच के सारथी, जीत मिले या हार।।

बनिए सच के सारथी, सच का करें प्रचार।
सतपथ की इस राहमें, मुश्किल भले हजार।।

सतपथ में हमको मिले, कितने ही नादान।
बनिए सच के सारथी, खुश होंगे भगवान।।

पड़ा सत्य पर आवरण, गुरुवर हैं दातार।
अपने घट में कर दिया, अब अखंड उजियार।।

जीवन की रेल

भाग्य बदलते देख लो, है कर्मों का खेल।
बिना कर्म चलती नहीं, इस जीवन की रेल।।

हानि-लाभ जीवन-मरण, यश-अपयश ये तीन।
मानव के वश में नहीं, ईश्वर के आधीन।।

जीवन भर जिससे निभे, जीवन साथी कौन।
ईश्वर के आधीन है, मुखर रहे या मौन।।

सुबह उठो जल्दी सभी, करिए आसन योग।
अपने मन आनंद हो, जीवन रहे निरोग।।

नदियाँ जीवन दायनी, करतीं सतत प्रवाह।
अविरल धारा गंग की, जो जीवंत अथाह।।

धरती माँ की गोद है, रत्नों का भंडार।
जल जीवन जंगल करें, हम सब पर उपकार।।

शस्य श्यामला मात ही, सहती सबका भार।
जन्म मृत्यु जीवन यहीं, यहीं सभी व्यापार।।

जल जीवन का प्राण है, वृक्ष यहाँ परिधान।
दोनों की रक्षा करो, कहते संत सुजान।।

ध्यान लगाने के लिये, करिये नित सत्संग।
धीरे-धीरे आयगा, जीवन में आनंद।।

स्वाँस बिना चलती नहीं, इस जीवन की रेल।
हानिलाभ जीवन मरण, सब कुदरत के खेल।।

जीवन

जिनको जीवन में मिला, प्रेम पुष्प का दान।
उनका जीवन बन गया, सचमुच में वरदान।।

उनका जीवन धन्य है, जिनको शिव से प्यार।
पावन सावन में कभी, बोलो जय-जय कार।।

सभी परीक्षा दे रहे, इस जीवन की आज।
रोटी के लाले कहीं, और किसी को ताज।।

जन-जीवन भूखों मरा, हुआ बड़ा नुकसान।
बाढ़ कलंकित कर गई, सभी हुए हल्कान।।

भार्या ही करती सदा, घर के सारे काम।
जीवन में मिलता नहीं, उसे कभी आराम।।

भार्या जीवन संगनी, पति का देती साथ।
खुश हो जाती प्यार से, हो हाथों में हाथ।।

जो निरोग तन चाहते, करो हमेशा योग।
जीवन में संयम रखो, त्यागो मन से भोग।।

जीवन देते हैं तुम्हें, कौन रखेगा ख्याल।।
पेंशन है इस देशका, उलझा हुआ सवाल।।

जन-जीवन की समस्या, लिखे लेखनी आज।
जागरूक होता रहे, अपना सभी समाज।।

मिले कर्म के मर्म से, जीवन में आनंद।
जो सुख चाहो देह को, करो कर्म सानंद।।

गीता मृत

क्रोध बुद्धि को नष्ट कर, कर देता मति मंद।
स्मृति मेधा है बावरी, हो जाती है कुंद।।

कुंद बुद्धि से भ्रमित हो, कर सतपथ का त्याग।
पद च्युत होकर हंस भी, बन जाता है काग।।

क्रोध शत्रु है आपका, इस पर करें विचार।
क्रोध अग्नि में जो जला, उसका सब कुछ क्षार।।

शांत चित्त खुद को रखें, करें भजन अरु ध्यान।
वरना फिर मिट जायगी, मानव की पहिचान।।

कोलाहल से दूर चल, जहां प्रकृति हो शांत।
घड़ी दो घड़ी याद कर, बैठ कहीं एकांत।।

बड़े भाग हमको मिला, मनुष्य तन अनमोल।
हृदय गुफा में चल जहाँ, सुनो नाद के बोल।।

कठपुतली हैं हम सभी, धागा उसके हाथ।
ईश्वर के आधीन है, किसका कितना साथ।।

अपनाना तो थी हमें, सत्य सनातन रीत।
सारी दुनियाँ चल पड़ी, धारा के विपरीत।।

सत्कर्मों से खुश रहो, गाओ मङ्गल गान।
धारा के विपरीत क्यों, जाते हो इंसान।।

संघर्षों से जो लड़ा, मिली उसे ही जीत।
वीर सदा चलता रहा, धारा के विपरीत।।

www.ingramcontent.com/pod-product-compliance
Lightning Source LLC
LaVergne TN
LVHW032124041026
849518LV00008B/2768
9788197599842